改正民法
保証法

保証意思宣明公正証書を中心として

宗宮 英俊／寶金 敏明
岩田 好二 共著

日本法令®

はじめに

2017(平成29)年5月26日民法の一部を改正する法律（平成29年法律第44号）が成立し、同年6月2日公布され、一部規定を除き2020年4月1日から施行されるが、本書において重点的に取り上げている個人保証保護のための公証人による保証意思確認手続に関する規定は、2020年3月1日から施行される。今回の民法改正の目的は、債権関係の規定について取引社会を支えるもっとも基本的な法的基盤である契約に関する規定を中心に、社会経済の変化への対応を図るための見直しと、民法を国民一般にわかりやすいものとするとの観点から実務で通用している基本的ルールを適切に明文化することにあるとされている。それにもかかわらず、改正の中核の一つをなす保証債務の規定は、従前に比してかなり複雑化しており、わかりやすい解説書が強く望まれている分野となっている。

そこで、本書は、今回改正法のうち、保証に関する部分についてできるだけ平易な解説を試みたものである。第1章では、今回の改正の眼目であった保証人保護政策の変遷や立法経過を中心に保証一般について概説し、これを踏まえて第2章以下で、事業に係る債務についての保証契約の特則（民法第3編第1章第3節第5款第3目）等について詳述する体裁をとっている。特に事業に係る債務についての保証契約の特則は、新設規定であり、過去の実例もない分野であるので、実務上生起するであろう諸問題を深く掘り下げ、保証契約に関与する当事者の他、裁判官、弁護士、公証人、司法書士、行政書士、金融等実務担当者など、法律実務家の執務の参考に供することを目的としている。もとより、改正民法のうちの保証分野に関する概説書であるから、民法を学ぶ方々や、広く保証問題に関心を有する一般読者にも本書が利用されれば望外の幸せである。なお、本書は３名の筆者の共同執筆になるものであり、内容については３者で協議を重ね統一を図っているが、発刊を急いだため記述の体裁については一部にやや統一を欠く部分が残っているがご寛容いただきたい。この点は、機会が在れば後日を期したい。

本書が成るに当たっては、株式会社日本法令の岩倉春光氏、田中紀子氏に一方ならずお世話をいただいた。この場を借りて厚く御礼申し上げたい。

2018 年 4 月

執筆者一同

CONTENTS

第１章　保証債務に関する2017(平成29)年改正民法の概要

第２　保証債務についての2017(平成29)年改正民法（概説）

第２章　保証人保護の方策の拡充

凡　　例

1．法制審議会民法（債権関係）部会、国会の関係では以下の略称を用いる。

部会資料	法務省事務当局作成の法制審議会民法（債権関係）部会席上配布資料
部会議事録	法務省事務当局作成の上記部会の議事録
参院法務委議事録	第193回国会参議院法務委員会会議録

2．民法典については、旧法と新法で特に差別化をして記載するのが適切な場合には「旧法」「新法」「改正民法」という表現を用い、その余においては「民法」という表現を用いる（旧法・新法という表現は、厳密にいえば正確ではないが、表記のしやすさとイメージを優先させて採用したものである。）。なお、文脈の関係で「改正前民法」という表現を用いている箇所がある。

3．引用文献のページ数については、関係個所の冒頭ページ数又は中心となる記述があるページ数を表記している。

4．判例・雑誌は、慣例により、次のように表記する。

集民	最高裁判所裁判集 民事
民集	大審院民事判例集、最高裁判所民事判例集
民録	大審院民事判決録
金法	金融法務事情
判時	判例時報

5．以下の書籍については、本書を通じて略記する。

我妻	我妻栄『新訂債権総論（民法講義Ⅳ）』（岩波書店、1964年）
我妻・中一	我妻栄『債権各論中巻一』（岩波書店、1957年）
内田	内田貴『民法Ⅲ　債権総論・担保物権〔第3版〕』（東京大学出版会、2005年）
内田Ⅱ	内田貴『民法Ⅱ　債権各論〔第3版〕』（東京大学出版会、2011年）
旧注民（11）	西村信雄『注釈民法（11）債権（2）』（有斐閣、1965年）
新版注民	窪田充見『新注釈民法（15）（8）』（有斐閣、2017年）
潮見Ⅰ	潮見佳男『新債権総論Ⅰ』（信山社、2017年）
潮見Ⅱ	潮見佳男『新債権総論Ⅱ』（信山社、2017年）

6．参考文献

青山大樹ほか	『条文からわかる 民法改正の要点と企業法務への影響』（中央経済社、2015年）
債権法研究会	『詳説 改正債権法』（きんざい、2017年）
潮見佳男	「民法（債権法）改正の動向と今後の見通し」（全国クレジット・サラ金対策協議会、2011年『民法（債権法）改正と保証人保護』24頁所収）
潮見佳男	『民法（債権法関係）改正法案の概要』（きんざい、2015年）
名藤朝気ほか	「保証に関する民法改正と金融機関の実務対応」金法2019号44頁
日本公証人連合会	『新訂公証人法』（ぎょうせい、2012年）
日本弁護士連合会	「統一消費者信用法要綱案」（2003年公表）
日本弁護士連合会	「保証人保護の方策に関する意見書（2014年公表）
平野裕之	「民法（債権法）改正を契機とした保証法改正について—中間論点整理に即した検討—」（全国クレジット・サラ金対策協議会、2011年『民法（債権法）改正と保証人保護』53頁所収）

松嶋一重	「保証債務（その1）」金法2012号40頁
吉野衛	「執行証書作成の実務上の諸問題」公証法学29号33頁
山野目章夫ほか	「(座談会）民法（債権関係）改正と金融実務―保証を中心に―」金法1954号33頁

第 1 章

保証債務に関する
2017（平成29）年改正民法の概要

第1 保証一般についての法制度の俯瞰と沿革

1　2017（平成29）年民法改正における保証法改正の位置づけ

（1）　保証債務の基本理念の大転換

民法は、日常生活や日常的な経済活動に直接かかわる最も基本的なルールであり、それゆえに特定の分野においてだけ適用される特殊な法律関係については、その都度特別法が用意されてきた。民法が適用される保証には、保証会社等による有償保証のほか、経営者自身による経営者保証、経営者同士の相互保証、不動産賃借債務の個人保証、住宅ローンの個人保証、企業信用の個人保証、いわゆるホステス保証(注1)など、様々なバリエーションがあるが、身元保証については、1933（昭和8）年に身元保証に関する法律（身元保証法）が、民法の特別法として制定されるに至っている。一般法と特別法との切り分けに忠実であろうとすれば、今回の改正は、事業に係る個人保証について、特にその情誼性（個人保証人は義理と人情により保証を断り切れず引き受けてしまいがちであるという特質）・軽率性（保証契約を締結するリスクについて合理的に判断をすることが個人保証人には困難であるという特質）、未必性（保証契約を締結する時点では個人保証人が保証債務の履行を求められる

（注1）ホステスが客の支払いを店の経営者に対して保証する契約。最判昭和61年11月20日集民149号151頁は必ずしも無効でないとする。

ことが確定していないという特質）ゆえに格別の規制を施すというものであるから、特別法の制定で対応するとの立法政策もあり得た(注２)。

しかしながら、2004(平成16)年の民法の一部改正により、貸金等根保証につき、保証人の属性に注目した個別の各則的な規定を置くという立法政策をすでに採用していたことから、2017(平成29)年民法改正においても保証の規定中の各則規定を拡充するという立法となっている。

それとは別に、個人保証に対して格別の規制を施すことにより、旧来の保証とは別形式への逃避も懸念されている(注３)。

そこで、まずは、保証類似の法制度を概観し、次に今回の法改正に至る沿革につき略述することとする。

(2)　民法上の保証及び類似の法制度

保証とは、主たる債務者がその債務の履行をしない場合に、保証人が代わってその債務を履行するという合意をいう（民法446条１項）。

(注２)　潮見佳男「民法（債権法）改正の動向と今後の見通し」(『民法（債権法）改正と保証人保護』全国クレジット・サラ金対策協議会(2011(平成23)年）24頁所収）は、消費者契約法の中に保証に関する特則を設けることを選択肢の一つとし、また、日本弁護士連合会は「統一消費者信用法要綱案」(2003(平成15)年公表）を個人保証規制法として提案している。

(注３)　平野裕之「民法（債権法）改正を契機とした保証法改正について－中間論点整理に即した検討―」(『民法（債権法）改正と保証人保護』全国クレジット・サラ金対策協議会（2011(平成23)年）53頁所収）は、債権者は保証の代わりに、債務引受や、連帯債務者としたり(併存的債務引受)、損害担保契約、物上保証等に流れる可能性があると述べている。

債権者から見た場合、保証債務（民法446条ないし465条の10）や連帯債務（民法436条ないし445条）などの人的担保によって債務者の数が総体として増えるならば、通常は、自己の債権の引当てとなる一般財産も増えることになるので、債権の保全機能を強化することになる。

そのため、民法は、物的担保すなわち物の価値を把握することにより債権担保の機能を果たすことを目的とする抵当権（民法369条ないし398条の22）や質権（民法342条ないし366条）などの担保物権を法定しているほか、多かれ少なかれ人的担保としての機能を持つ仕組みとして、次の類型の法律関係を規律している。

①　不可分債務

債務の目的がその性質上不可分である場合において、1個の不可分な給付を目的として数人の債務者がいる場合（民法430条・436条ないし445条のうち440条を除く規定を準用）。

②　連帯債務

債権の目的がその性質上可分である場合において、法令の規定又は当事者の意思表示によって数人の債務者が、同一内容の給付につき、それぞれ独立に、全部の給付をすべき債務を負担し、その中の一人でも給付をするときには、他の債務者もまた債務を免れるという債務（民法436条ないし445条）。

③　不真正連帯債務（旧法下の概念）

2017（平成29）年民法改正前には、(ア)真正の連帯債務では、各債務者に共通の社会的、経済的目的があり、それによって債務者間につながりが認められる（共同目的による主観的関連がある）のに対し、(イ)そのような共同目的による主観的関連がない（例えば民法715条の使用者の賠償義務と民法709条に基づく被用者の賠償義務）類型が観念され「不真正連帯債務」と呼ばれていた。しかし2017(平成29)年民法改正により、真正連帯債務のみに認められていた絶対効のうち、更改（民法438条）・相殺（民法439条１項）・混同（民法440条）並びに弁済等債権者に満足を与える事項だけが絶対効を有するとされ、履行請求・免除・消滅時効の完成は相対的効力しか有しないこととなった（民法441条本文)。それにより、改正民法下では、連帯債務と不真正連帯債務の区別は不要となっている。

ただし、絶対効・相対効の規律については、債権者及び他の連帯債務者の一人が別段の意思表示をしたときは、当該他の債務者に対する効力は、その意思に従うこととなる（民法441条但書)。

④　保証債務

主たる債務が履行されない場合、保証人がこれに代わって履行することを内容とする債務（民法446条ないし465条の10)。単純な保証のほか以下の⑤ないし⑦の特殊形態がある。

⑤　連帯保証債務

保証債務のうち、保証人が主たる債務者と連帯して保証することを債権者と特約した場合の保証であり、連帯保証人は催告の抗弁権及び検索の抗弁権を有しない（民法454条・458条比較参照)。

保証債務が、主たる債務者の商行為によって生じたとき、又は保証が商行為であるときは、主たる債務者及び保証人が各別の行為によって債務を負担したときであっても、常に連帯保証債務となる（商法511条)。そのため、銀行取引を含む実務上、大多数は連帯保証債務となる。

⑥　共同保証

複数の保証人が、それぞれ単純な保証債務を負担した場合をいう。法の建前は、各保証人の債務額は保証人の数に応じて分割されることとなる（「分別の利益」という。）（民法456条）が、それでは債権者にとって保証人を複数付けた意味が乏しいので、特約で全額について債務を負担させること（「保証連帯」という。）も可能である。実務上、単純な共同保証の中では、保証連帯が圧倒的に多い。

⑦　根 保 証

特定の債務を担保するのではなく、一定の期間の間に継続的に生じる不特定の債務を包括的に担保する保証。実務上、次の3類型がある。

(ア)　信用保証…継続的な売買や銀行取引等から生じる不特定の債務の保証

(イ)　不動産等賃借人の債務の保証

(ウ)　身元保証…㋐被用者に帰責事由のある損害賠償義務が発生した場合の保証（狭義の身元保証）と、㋑被用者の賠償義務の有無にかかわらず、使用者に与えた損害を補てんするもの（身元引受）がある。いずれの性質を有するかは、当事者の合意内容いかんによって決せられる。

身元保証のうち、㋐の狭義の身元保証は保証契約の性質を有する。したがって、身元保証人が個人であるときは、その身元保証は個人根保証契約の性質を有するため、身元保証法の他、民法の個人根保証に関する規定も適用されることとなる（後記第2の7（4）参照）。雇用契約の締結時、病院への入所時、老人ホームや障害者施設への入所時など、狭義の身元保証の例は実務上数多いと推測される。

これに対し、㋑の身元引受は、被用者に賠償責任がなく、したがって主たる債務者がいない場合にも作動するので、一種の損害担保契約といえる。

⑧　損害担保契約

一定の事実に起因して他人に生じる損害をてん補することを他人に約束する契約。保証債務が主たる債務の履行を担保するものであるのに対し、主たる債務の存在を前提としていないので、保証契約の一種とは言えない（注４）。上記⑦(ウ)㋑身元引受のほか、品質保証、信用保険などがある。

⑨　表明保証

各種ローン契約、信託受益権・事業等の譲渡契約、知的財産権の利用許諾契約、不動産売買契約、役務提供契約、リース契約などのほか、連帯保証契約でも用いられる契約条項を指す。アメリカの契約実務に由来するものであり、民法の用いる用語ではないが、上記⑧の損害担保契約の一類型と考えられる。表明保証の本来の意味は、(ア)条項に表示された事実関係・権利義務関係等一定の事項について、表意者がその真実性を保証したこと、(イ)それが真実と食い違っているときには、表意者側の故意・過失の有無に関係なく、表意者が相手方に対し損害賠償ないし補償をしなければならないとの条項を指す。実務では(イ)の

（注４）2017（平成29）年民法改正時に、損害担保契約についても類型別に検討して法的な規律を整備することが検討されたが、後日を期することとされた。損害担保契約の定義それ自体のあいまいさを指摘する文献として、國井義郎「損失補償契約と民法上の保証契約に関する再考察―債権法改正論議と最高裁判決をめぐって―」名古屋学院大学論集社会科学編51巻２号221頁以下、230頁（2014（平成26）年）。

効果に加えて、表明保証条項違反を理由とする解除権、反対債務の履行停止権、期限の利益の喪失、債務からの開放など、多種多様な効果が約定されることがある(注5)。

債権者と保証人の間で締結される保証契約（民法446条1項）の締結時前後に債権者から表明された内容が契約条項それ自体と食い違っている場合の保証人保護の約定として、今後の活用が見込まれる。表明保証に係る約定は、理屈としては、民法上の保証契約に債権者による損害担保契約の要素を加味するものと言えよう。

⑩　物上保証

他人の債務のために、自己所有の財産に担保権を設定することをいう。保証契約も物上保証も他人の債務の履行を担保するために設定されるものだが、物上保証人は、保証人と異なり、債務を負っておらず、担保として提供した財産の限りで責任のみを負っているにすぎない。したがって、保証契約の一種ではない。

2　保証人保護の方策の変遷

(1)　1933(昭和8)年　身元保証に関する法律（身元保証法）制定

身元保証人を保護するため、保証期間の最長は5年（同法2条）、期間の定めがない場合は3年（同法1条）と法定した。事情変更があった場合には使用者から身元保証人への通知義務を課し（同法3条）、その場合の解約権を保証人に認めた（同法4条）。さらに、保証の責任限度について裁判所に広範な裁

(注5) 潮見Ⅰ 420頁以下。

量権を与えている（同法5条）。

2017(平成29)年改正民法において、狭義の身元保証人が個人の場合には書面の作成がないと不成立とされ、極度額の限定がないと無効とされる等の保護が与えられることとなった（後記第2の7（4）（74頁）㈦及び㈩（77頁））。

(2)　判例の対応（最判昭和39年12月18日民集18巻10号2179頁等）

判例は、古くから期限の定めのない継続的保証契約につき、契約後相当の期間が経過したときは、将来に向かって契約を解消する任意解約権を認め[注6]、また、期限の定めの有無を問わず、主たる債務者の資産状態につき予期し得なかった事情変更が生じ、保証人が危険になった場合には、保証人に特別解約権を認めている[注7]。最判昭和39年12月18日（民集18巻10号2179頁）は、期限の定めのない継続的保証契約につき、保証人の主たる債務者に対する信頼が害されるに至った等、保証人として解約申入れをするにつき相当の理由がある場合には、右解約により債権者が信義則上看過できない損害を被るような特段の事情がある場合を除いて、保証人からの一方的解約ができるとするものであり、身元保証法（上記（1））のような実定法規がない一般の継続的保証について、大審院判例を踏襲しつつ明確な基準を示している。なお、潮見教授は、無委託保証の場合は、信頼関係喪失のリスクは保証人が引き受けるべきであって、保証契約解除という形で債権者にリスクを転化すべき

（注6）大判昭和7年12月17日民集11巻2334頁。

（注7）大判昭和9年2月27日民集13巻215頁、大判昭和9年5月15日法律新聞3706号9頁等。

ではなく、この場合は事情変更を理由とする解除に依拠するほかないとしている(注8)。

(3) 2004(平成16)年 民法の一部改正

①保証契約は、書面でしなければ効力を生じないとした(民法446条2項の追加)。②信用保証(上記1(2)⑦(ア))のうち、融資による債務を保証する個人が保証人の根保証につき、新たに「貸金等根保証契約」の類型を定め(民法465条の2ないし5の旧規定)、極度額の定めのない貸金等根保証契約(貸金等個人包括根保証)はその効力を生じないこととした(民法465条の2第2項の旧規定)。③上記(1)の身元保証法と同様に、根保証契約の存続期間を法定した。④上記①ないし③は、法人保証(例えば、信用保証協会による保証)は、適用されないが、法人保証人が主たる債務者に求償する際に、求償債権に個人保証が付いている場合、その個人保証を保護するために、上述の極度額及び元本確定期日に関する制限を押し及ぼすとの改正を行っている(民法465条の5の旧規定)。

この2004(平成16)年改正時には、さし当たり、主として銀行取引等による主たる債務を個人が保証するケースを想定して、その保護を図ることを当面の立法目的としていたため、継続的商品売買に係る売掛代金のみが主たる債務となる場合や不動産賃貸借に係る賃料債務が主たる債務となる場合は、除外され、引き続き検討することとされていた(注9)。

(注8) 潮見Ⅱ 751頁の注284。
(注9) 2004(平成16)年民法改正時における衆議院・参議院各法務委員会の附帯決議。

(4)　2006（平成18）年3月31日中小企業庁通達「信用保証協会における第三者保証人徴求の原則的禁止について」

中小企業金融においては、経営への規律づけ、会社の信用力補完、債権保全等の観点から、それらを担保するための最も安価なツールとして、個人保証（主に経営者本人保証）の提供が融資慣行として定着し、約80パーセントの中小企業が、借入の際に個人保証を提供するとの実態があった。

しかし、政府系金融機関では、次に掲げる例外的なケースを除いて、第三者からの保証人徴求（第三者保証）は行っていなかった。

① 実質的な経営権を有している者、営業許可名義人又は経営者本人の配偶者（当該経営者本人と共に当該事業に従事する配偶者に限る。）が連帯保証人となる場合
② 経営者本人の健康上の理由のため、事業承継予定者が連帯保証人となる場合
③ 財務内容その他の経営の状況を総合的に判断して、通常考えられる保証のリスク許容額を超える保証依頼がある場合であって、当該事業の協力者や支援者から積極的に連帯保証の申し出があった場合（ただし、協力者等が自発的に連帯保証の申し出を行ったことが客観的に認められる場合に限る。）

そのため、中小企業庁は、信用保証協会についても、政府系金融機関と足並みをそろえさせるべく、経営者以外の第三者の個人連帯保証を求めないことを原則とする融資慣行の確立を目指し、上記の中小企業庁通達「信用保証協会における第三者保証人徴求の原則禁止について」を発出した。禁止の例外は、上記政府系金融機関についてのものと同一である。

(5)　2010(平成22)年6月18日閣議決定

いわゆる「新成長戦略」を定め、金融供与に当たっては、経営者以外の第三者保証を求めないことを原則とする融資慣行を確立し、また、保証人の資産・収入を踏まえた保証履行時の対応を促進するため、民間及び政府系の金融機関に対し監督上の措置を実施するよう宣明した。

(6)　2011(平成23)年7月14日金融庁「経営者以外の第三者による個人連帯保証等の慣行の見直し等」についての金融機関向け監督指針の改正

上記(5)を受けて金融庁は金融機関向けの監督指針を改正し、①経営者自身、②経営者に準ずる者、すなわち実質的な経営権を有している者、事業に従事する配偶者、事業承継を予定している者、③自書・押印された書面によって「自発的な意思に基づく申出」を行った者以外の、個人たる第三者には、個人連帯保証を求めないとの指針を示し、金融機関による自主的な取組みを促した。

(7)　2014(平成26)年2月1日実施　経営者保証に関するガイドライン

日本商工会議所と全国銀行協会は、共同で、中小企業の経営者保証に関する契約時及び履行時等における中小企業、経営者及び金融機関による対応についての、中小企業団体及び金融機関団体共通の自主的自律的な準則として、経営者保証に関するガイドラインを策定した。そこでは、以下の①～⑤の場合を念頭に経営者保証を求めない可能性、代替的な融資手法を活用する可能性について前向きな姿勢を示している。

① 法人と経営者個人の資産・経理が明確に分離されている。
② 法人と経営者の間の資金のやりとりが、社会通念上適切な範囲を超えない。
③ 法人のみの資産・収益力で借入返済が可能と判断し得る。
④ 法人から適時適切に財務情報等が提供されている。
⑤ 経営者等から十分な物的担保の提供がある。

このガイドラインは、2017（平成29）年改正民法下においても、ソフトローとして実務上重要な役割を期待されている。

なお、このガイドラインにいう「保証人」には、併存的債務引受を行った経営者であって、対象債権者によって、実質的に経営者保証人と同等の効果が期待されているものも含まれると明記されている。

(8)　2017（平成29）年民法（債権法）の改正

概ね以下に掲げる諸点について120年ぶりの大幅な民法改正が行われている（注10）。改正法それ自体についての概要説明及び第２章・第３章の記述と重なるので、ここでは概要を示すにとどめるが、要するに、同年改正法においても、第三者保証を全面的に禁止する措置は講じないこととし、一方で、個人保証

（注10）施行日前に締結された保証契約に基づく保証債務については、なお旧法の規定が適用される（新法附則21条１項）。もっとも、保証人になろうとする者は、施行日前においても、新法465条の６第１項等に基づく公正証書の作成を嘱託することは可能である（同条２項・３項）。

人がその不利益を十分自覚することなく安易に保証契約を締結することを防止するための諸施策と、個人保証人保護の厳格化を図っている。

①　個人保証の制限（民法465条の6）

事業に係る債務を主たる債務とする個人保証契約は、それに先立ち、保証意思宣明公正証書による意思表明をしていなければ、後記③を除いて、効力を生じない。

②　個人保証（求償権保証）の制限（民法465条の8）

①の規律は、事業に係る債務を主たる債務とする保証契約の保証人の主たる債務者に対する求償権に係る債務を主たる債務とする個人保証（求償権保証）契約、主たる債務の範囲にその求償権に係る債務が含まれる個人根保証契約（求償権根保証）に準用される。

③　個人保証の制限の例外（民法465条の9）

①及び②の制限は、保証人になろうとする個人が、経営者保証（広義(注11)）である場合には適用されない。

④　契約締結時の情報提供義務(民法465条の10)

(ア)　主たる債務者は、事業に係る債務につき、保証・根保証の委託をするときは、委託を受ける者に対し、財産及び収支の状況その他の資産状況に関する情報を提供しなければなら

(注11)「経営者保証」は、狭義では「役員等が保証人となる場合」（465条の9第1項1号参照）を指すが、広義では「第三者保証の規律が及ばない個人保証」すなわち465条の9のうち第1項1号以外の者を加えた者を指す。

ない。

(イ)　主たる債務者が(ア)に掲げる事項に関して情報を提供せず、又は事実と異なる情報を提供したために委託を受けた者がその事項について誤認をし、それによって保証契約の申込み又はその承諾の意思表示をした場合において、主たる債務者がその事項に関して情報を提供せず又は事実と異なる情報を提供したことを債権者が知り又は知ることができたときは、その個人保証人は、保証契約を取り消すことができる。

⑤　保証人の請求による主たる債務の履行状況に関する情報提供義務（民法458条の２）

保証人が主たる債務者からの委託を受けて保証をした場合において、保証人からの請求があったときは、債権者は、保証人に対し、遅滞なく、主たる債務の元本・利息等その債務に従たる全てのものについての不履行の有無並びにこれらの残額等に関する情報を提供しなければならない。

⑥　主たる債務者が期限の利益を喪失した場合の情報提供義務（民法458条の３）

(ア)　主たる債務者が期限の利益を有する場合において、その利益を喪失したときは、債権者は、個人保証人に対し、その利益の喪失を知った時から２か月以内に、その旨を通知しなければならない。

(イ)　上記(ア)の期間内に(ア)の通知をしなかったときは、債権者は、個人保証人に対し、主たる債務者が期限の利益を喪失した時から(ア)の通知をするまでに生ずべき遅延損害金（期限の利益を喪失しなかったとしても生ずべきものを除く。）に係る保証債務の履行を請求することができない。

第2　保証債務についての2017(平成29)年改正民法（概説）

1　保証債務の意義と性質

(1)　保証債務の当事者

①　契約当事者

保証債務は、主たる債務の履行を担保することを目的として、債権者と保証人との間で締結された契約により成立する（民法446条1項）。主たる債務の存在を前提としているが、保証債務は、主たる債務とは別個・独立の債務であって、その成立には債務者は関わらない。

②　保証人の類型と経済的機能

(ア)　個人保証…自然人が保証人の場合

㋐　第三者保証…個人保証の中でも第三者保証は、主たる債務者の友人や親せきなどが情誼的な付合いから保証人となってしまう場合が多く、財産喪失、家庭崩壊、自殺などにつながることから、古くからその法的保護の必要が叫ばれている。

㋑　個人保証のうち身元保証については、身元保証法による保護が図られ、さらに2017(平成29)年民法改正により、極度額の定めが狭義の個人身元保証についても必要とされるに至っている（第1の2（1）（20頁））。

㋒　個人保証のうち、事業に係る債務の第三者による保証については、2004(平成16)年及び2017(平成29)年民法改正により、第三者保証の保護の範囲が拡大・強化されている（第１の２（3）（22頁）(8)、第２章)。立法過程では、個人による事業用融資の保証については主たる債務者の経営に関与していない第三者が保証人となることを禁止する等の案も検討もされたが、現在の中小企業金融の実情等に配慮し、安易な個人保証を防止する措置として保証意思宣明公正証書の作成を要件とすることとするに留めている（第２の７（3）（73頁)、第２章)。

㋓　経営者保証…経営者保証は、中小企業の経営者に多く見られ、企業の経営者自身の他、共同経営者、事業に従事する配偶者や事業承継予定者などがこれに当たる(注12)（新法の詳細については、第２章第１の４（91頁）参照)。

上記㋒の第三者保証においては、(a）債権者の回収原資が拡大するという債権保全機能のほか、(b）保証人がいることにより、主たる債務者たる企業の信用力が補完されるという機能（信用力補完機能）が働く。さらに、(c）主たる債務者が債権者を害する行動をしないよう保証人が監督するという機能（経営への規律付け機能）も働くとされているが、第三者保証では（c）の機能はあまり期待できない。

これに対し、経営者保証においては、主たる債務者たる企業と保証人たる経営者自身の資産の切分けやその情報開示に

(注12)　前掲第１の２（6）2011(平成23)年７月14日金融庁監督指針。2017(平成29)年改正民法465条の９が掲げる経営者保証の範囲とは必ずしも一致していない。すなわち改正法465条の９は、経営者の範囲から事業承継予定者を除外している。

不安がある場合、保証人の（a）（b）の機能が強く期待される。また、経営者個人資産の全てが企業経営の担保となっていることによる経営意欲・経営規律の保持の機能（上記（c）類似の機能）も働くと考えられている。しかし、近時では企業資産と個人資産との分離や財務情報の開示を図ることにより、経営者保証すら縮小しようとする傾向が顕著となっている（上記第1の2（7）（24頁））。その理由の一つには、経営者の再チャレンジの途の確保という要請もある。

2017（平成29）年民法改正においては、後記第2の2（40頁）及び第2章第1（88頁）で詳述するとおり、とりわけ第三者たる個人保証につき、契約の成立時も含め、法的保護を強めている。しかし、個人保証人の負うリスクへの配慮が行き過ぎると、それにより信用力の乏しい中小・零細企業が融資を受けにくくなるという懸念が、企業側にあるため、立法時には保証人保護範囲の限定[注13]も含め、慎重に議論された[注14]。

同時に、2017（平成29）年民法改正においては、債権の譲渡制限特約の効力の見直し（新法466条）を行うことにより、中小・零細企業の金融施策を容易にし、個人保証に依存し過ぎないための一定の配慮がされている。

(イ) 法人保証

法人は、経済的合理性を志向しつつ保証をする者であり、特段の法的保護の対象とはされていない。むしろ法人保証等による主たる債務者やその個人保証人への求償権行使の過酷

（注13）公証人による意思確認手続を必要とする個人保証人の範囲を限定する立法（新法465条の9）がその典型例といえる。

（注14）部会議事録第80回6-27頁、参院法務委議事録第9号2頁、17頁、22-25頁など。

さが問題となるケースも目立つことから、求償保証人が個人である場合には、その保護を図る規定が置かれている（民法465条の５第１項、同第２項)。

(ウ)　機関保証

保証を業としている公的機関による保証。中小企業のための信用保証協会、日本国際教育支援協会など、様々な団体がある。

(2)　保証債務と主たる債務の内容の同一性

保証債務は、主たる債務の履行を担保することを目的とするものであるから、その内容は、主たる債務と同一であり、保証債務の履行により、債権者は、主たる債務が履行されたのと同一の利益を保持することとなる。

もっとも、保証債務は主たる債務とは別個の独立した債務であることから、保証債務そのものの内容を拡張するものでない限り、別個の内容を約定することも可能である（成立の付従性に反するとする必要はない)。例えば、主たる債務が工事完成の請負債務の場合、その不履行の際には、保証人は自ら工事するのでなく、他の業者に工事を続行させれば良いという約定も可能であるし、特定有名人の講演など不代替的給付を目的とする債務を保証した場合には、主たる債務が債務不履行によって損害賠償債務に変わることを停止条件として保証したものと解することになる。同様に、主たる債務者たる建物賃借人が建物内部で自殺し、賃貸人に物件価格毀損の損害を与えた場合の保証人は、その損害賠償義務について責任を負うことがあり得る。

さらに、保証債務をさらに保証すること（副保証）や、保証債務を担保するための物的担保を別途設定することも可能とされる。

(3) 保証債務の性質

① 付 従 性

保証人は、主たる債務者とは別個独立の債務を負担している（上記1（2)）。しかし、あくまで主たる債務の履行を担保することを目的としたものにすぎないから、主たる債務が有効に存続することを前提としている（付従性）。

具体的には、次のような場面で問題が顕在化する。

㈠ 成立面での付従性

主たる債務が不成立や無効であったり、取り消されたことにより遡及的に消滅したりした場合など、主たる債務が成立しなければ、保証債務も成立しない。しかし、保証契約の締結時に主たる債務が現に発生している必要はない。将来の債務や条件付債務の保証契約も有効である。ただ、主たる債務を発生させる契約が無効であったり、取り消されたりした場合に備えるため、その結果として生じる主たる債務者に対する債権者の不当利得返還請求権をも対象とする保証債務の成立が認められるか否かについては、議論がある(注15)。

主たる債務が不特定の債務であっても、保証契約は有効に成立する。継続的かつ包括的な信用関係を一体として担保する根保証が、その典型である。ただ、個人保証（1（1）②㈠（28頁））の場合、極度額を定めないと効力を生じない（民法465条の2第2項）（包括的根保証の禁止）。

（注15） 最判昭和41年4月26日民集20巻4号849頁は、農協の定款で禁止されている員外貸付につき保証人の責任を否定。内田346頁、潮見Ⅱ650頁。

(イ)　内容面での付従性

保証債務は、その目的又は態様（条件、期限、利息等）において、保証契約締結時点での主たる債務より重くなることはない。そのため、以下の特色を有する。

㋐　保証契約締結時点で保証債務の内容が主たる債務よりも重い場合には、その内容が主たる債務の限度に縮減される（民法448条1項）。

もっとも、保証契約において、その保証債務自体についての違約金や損害賠償の予定をすることは許される（民法447条2項）。保証債務そのものの内容を拡張するものでなく、内容に関する付従性に反しないからである。

㋑　主たる債務の内容を軽減させる変更を生じたときは、保証債務の内容もそれに応じて軽減される。例えば、主たる債務の約定利率を下げた場合がこれに当たる。

㋒　主たる債務の目的又は態様が保証契約の締結後に加重されることがあっても、保証人の負担は加重されない（民法448条2項）。例えば、主たる債務の弁済期を短縮させる場合がこれに当たる。これに対し、弁済猶予（支払期日の延長）は、たとえ猶予がされている間に主たる債務者の信用が著しく悪化したために保証人の負担が増大したような場合であったとしても、加重には当たらない(注16)。

㋓　個人保証人については、同人を保護する観点から、主たる債務者の期限の利益喪失について情報提供がない場合につき、遅延損害金についての履行請求は制限される（民法458条の3）（詳細は後記4（2）②（61頁））。

（注16）潮見Ⅱ 664頁脚注74。

(ウ) 消滅面での付従性

㋐ 主たる債務の消滅・権利障害事由と保証人の地位

保証債務は、主たる債務の消滅の影響を受ける。そのため、主たる債務につき弁済、主たる債務者による消滅時効の援用その他の権利消滅事由が生じている場合には、保証債務も当然に消滅する(注17)。また、同時履行の抗弁（民法533条)、手形等との引換給付の抗弁(注18) など主たる債務につき権利障害事由がある場合も債権者からの請求を拒める。それらの場合、保証人は、主たる債務者が主張することができる消滅の抗弁その他の抗弁をもって債権者に対抗することができる（民法457条2項(注19)）。

なお、(a) 主たる債務につき相続が開始して相続人が限定承認した場合や、(b) 主たる債務者について免責許可決定が出された場合（破産法253条2項）には、責任の縮減がされるのみであって、主たる債務者の債務は存続するので、保証債務には影響を生じない。判例(注20) は、主た

(注17) 保証債務について別個の時効援用の問題を生じるわけではない。最判平成7年9月8日金法1441号29頁。

(注18) 最判40年9月21日民集19巻6号1542頁。

(注19) 民法旧457条2項は、主たる債務者に生じた事由の効力につき、主たる債務者の債権による相殺をもって債務者に対抗することができると規定し、相殺以外の主たる債務者の保有する抗弁については明文の規定はなかった。ただ、判例（最判昭和40年9月21日民集19巻6号1512頁）は、保証債務の付従性を根拠に主たる債務者の有する他の抗弁事由についても、保証人の抗弁事由と認めていた。改正民法457条2項では、当該判例を基に、持分会社の社員の抗弁権に関する会社法581条1項にならって判旨を明文化している。

(注20) 大判大正11年7月17日民集1巻460頁。

る債務者たる法人が破産手続開始決定により解散し、その法人格が消滅した場合でも、その時のための保証ゆえ、保証債務は消滅しないとしている。

㋑　主たる債務の時効完成猶予・更新と保証人の地位

主たる債務について生じた時効の完成猶予及び更新は、保証人に対しても、その効力を生じる（民法457条１項）。

連帯債務の場合と異なり、主たる債務に対する履行の請求その他の事由による時効完成猶予・更新は絶対的効力を生じる。その理由を判例は付従性に由来するとしている(注21)。しかし最近の学説は、付従性は「主たる債務なければ保証債務なし」にとどまる原理であり、本条はむしろ主たる債務が消滅する前に保証債務が消滅することがないようにして特に債権の担保を確保しようとした政策的規定にすぎないと説明している(注22)。

㋒　主たる債務者が債権者に対して相殺権・取消権・解除権を有するときと保証人の地位

(a)　原　　則

主たる債務者が債権者に対して、相殺権、取消権、解除権など債務消滅を招来する形成権を有するとき、保証人は、これらの形成権の行使によって主たる債務者がその債務を免れるべき限度において、債権者に対して保証債務の履行を拒むことができる（民法457条２項）。

(b)　解除等が保証の想定内の場合（例外その１）

主たる債務が⒜特定物売買における売主の債務、⒝工事請負における請負人の債務、⒞賃貸借における借主の債務などの保証にあっては、保証人が、主たる債務者の債務不

（注21）最判昭和43年10月17日判時540号34頁。
（注22）潮見Ⅱ 691頁。旧注民（11）207頁。

履行により生じる債務につき保証するのが通例の範囲内である限り、主たる債務者の債務不履行責任による解除によって生じる原状回復義務については、保証人は責任を免れない(注23)。

(c) 行為能力制限を理由とする取消しの場合(例外その2)

行為能力の制限によって取り消すことができる債務を保証した者は、保証契約の時においてその取消しの原因を知っていたときは、主たる債務の不履行の場合又はその債務の取消しの場合においてこれと同一の目的を有する独立の債務を負担したものと推定される（民法449条）。主たる債務の取消原因を知りながらなお行う保証は、本来の保証債務に加え、取消し後は、損害担保契約（第1の1（2）⑧（19頁））上の債務も負担する意思と推定されるからである。これに対し、債権者の詐欺・強迫（民法96条）・不実告知（消費者契約法4条）を保証人が知っていた場合に、それにもかかわらず損害担保債務を負担する意思と解すると、債権者の違法行為を助長しかねないので、民法449条の適用はない(注24)。

（注23） 特定物売買についての最判昭和40年6月30日民集19巻4号1143頁。

（注24） 主たる債務者が錯誤による取消権を行使した場合には、債権者に違法が認められない限り、民法449条の類推適用の余地はある。潮見II 666頁。

(d)　主たる債務者による取消権等の放棄（例外その 3）

主たる債務者が相殺権・取消権・解除権を放棄した場合、保証人の抗弁はどうなるのか、という問題がある。主たる債務者について法定追認の事由等が生じた場合にも同じ問題が発生する。そのような場合は、保証債務の付従性により、保証人の履行拒絶権も失われると解される。もっとも、例えば、抗弁権の放棄を主たる債務者が債権者と通じて行ったようなケースにおいては、権利濫用、信義則等の一般条項に基づいて保証人は履行拒絶権を行使できると考える余地がある(注 25)。

㋓　保証債務についての時効の更新が主たる債務に及ぼす影響

例えば、保証人が保証債務を主たる債務の時効完成前に一部履行した場合、「保証債務の承認」として、保証債務の消滅時効は更新されることがある。しかし、主たる債務について権利義務の当事者でない保証人が承認しても、債権者・主債務者間はもちろん、債権者・保証人間においても、これによって主たる債務の消滅時効が更新することにはならない。それゆえ、保証人の一部履行に影響されることなくその後完成した「主たる債務」の消滅時効も援用できることになる(注 26)。

㋔　主たる債務についての消滅時効の完成

主たる債務について消滅時効が完成していれば、主たる債務者がそれを援用する前であっても、保証債務者は自身

（注 25）部会議事録第 77 回 29 頁。
（注 26）東京高判平成 7 年 2 月 14 日判時 1526 号 102 頁及びその上告審たる最判平成 7 年 9 月 8 日金法 1441 号 21 頁。

が民法145条の「正当な利益を有する者」ゆえ、主たる債務についての独自の消滅時効援用権を行使して主たる債務を消滅させることができ、付従性によって自己の保証債務も消滅したと主張できる。

㋕　主たる債務者による時効の利益の放棄

主たる債務者が消滅時効の完成後に時効の利益を放棄しても、その放棄は相対的効力しか有しない(注27)。したがって、上記㋔と同様、主たる債務についての消滅時効を援用し、付従性による保証債務の消滅を保証人は主張できる。

㋖　主たる債務を保証人が相続した後に弁済した場合

保証人が主たる債務者の地位を相続した場合には、その者は、主たる債務者兼保証人となる。その者が主たる債務を相続したことを知りながら保証債務を弁済したときは、特段の事情がない限り主たる債務についての承認とも評価されるので、主たる債務の消滅時効は更新（旧規定における中断）する(注28)。

②　随伴性

被保証債権が債権譲渡その他の原因により移転し、主たる債務者について債権譲渡の第三者対抗要件・債務者対抗要件が具備されれば、保証人についての独立の対抗要件は問題とならず、保証債務も主たる債務に随伴して移転し、被保証債権の譲受人が保証債権の債権者となる。これに対し、債権譲渡人が保証人に対してのみ債権譲渡の通知をしても、保証人に生じた事由は主たる債務者に影響しないので、この通知をもって主たる債務者に対抗することはできない。

(注27)大判大正5年12月25日民録22輯2494頁。
(注28)最判平成25年9月13日民集67巻6号1356頁。

なお、判例(注29)は、根保証契約についても、同契約が定める元本確定期日前であっても、保証人に対して保証債務の履行を求めることができるものとして契約が締結され、その被保証債権が譲渡された場合には、これに随伴して当該契約上の保証人に対する債権が移転することを是認している。

③　補 充 性

保証人は、主たる債務者が履行しない場合に、補充的に、履行の責任を負う。補充性は、債権者からの履行請求に対する保証人の抗弁権（催告の抗弁権と検索の抗弁権）としてあらわれる。ただし、補充性及びこれに基づく２つの抗弁権は、連帯保証では認められない（民法454条）。

㈠　催告の抗弁権

債権者が保証人に履行請求をしたときに、保証人は、まず主たる債務者に催告をせよとの抗弁ができる（民法452条本文）。主たる債務者が破産手続開始決定を受けたときや、行方不明であるときは、催告の抗弁権は認められない（同条但書）。催告の抗弁権を行使された債権者が主たる債務者への催告を怠った場合には、保証人は、債権者が直ちに主たる債務者に請求すれば弁済を受けることができたであろう限度で、責任を免れる（民法455条）。

㈡　検索の抗弁権

債権者が、主たる債務者に対して催告をした後に、保証人に履行請求をしたときにでも、保証人は、まず主たる債務者の財産に執行せよとの抗弁ができる。この抗弁権を行使でき

（注29）最判平成24年12月14日民集66巻12号3559頁。

るのは、㋐主たる債務者に弁済の資力があり、かつ、㋑主たる債務者の財産への執行が容易である場合に限られる（民法453条）。検索の抗弁権を行使された債権者が主たる債務者の財産への執行を怠った場合には、保証人は、そのために債権者が主たる債務者から弁済を受けることができなくなった部分について、責任を免れる（民法455条）。

2　保証債務の成立

(1)　保証契約の要式性

①　書 面 性

保証契約は、債権者と保証人との合意が書面で行われることにより成立する（民法446条2項）。保証書の差入れでもよい（通説）。契約がその内容を記録した電磁的記録によってされたときは、書面による契約とみなされる（同条3項）。この要式性は、保証債務負担の意思を明確に認識させるため、2004(平成16)年の民法改正の際に追加された（前記第1の2（3）（22頁））[注30]。

②　保証意思宣明公正証書による保証意思の確認（事業に係る債務の保証についての特則）

㋐　意思確認のための公正証書作成

事業のための債務に係る第三者保証（第2の1（1）②㋐

（注30）貸金業法16条の2・17条は、保証人に対する保証契約の締結前・後における貸金業者の書面交付義務を定め、違反に対しては罰則を科することとしている（同法48条1項3号の2・同4号）。

㋐（28頁））については、上記①の書面が作成されるという要件に加え、公正証書（保証意思宣明公正証書）による保証意思の確認が必要とされる場合がある。この要件は、個人の第三者保証人の保護のために2017（平成29）年民法改正により新設された（民法465条の6）。

この規定は、法人保証（上記１（1）②㈠（30頁））及び個人の保証であっても、経営者保証（同１（1）②㈦㊤（29頁））ないしこれに準じる者には適用されない（法人保証につき、民法465条の6第3項・465条の8第2項、経営者保証につき民法468条の9）。情に流されやすい個人の第三者保証と異なり、これらの者は営利追及のため合理的に行動することが通常と考えられるからである。

なお、近時、金融機関の間では企業資産と個人資産との分離や財務情報の開示を図ることにより、経営者保証すら縮小しようとする傾向があり（第１の２（7）（24頁））、第三者の個人保証は原則禁止の取引慣行の確立を志向している。したがって、金融機関からの事業用借入に係る保証意思宣明公正証書作成が義務付けられる者の実数は、抑制傾向にあると見込まれる[注31]。

また、事業以外の目的での借金をした主たる債務者の債務を個人保証した場合、主たる債務者が後に事業目的に流用した場合には「事業のために負担した貸金等債務」に当たらない[注32]。

（注31）なお、賃借権の保証は、事業用貸金債務等ではないことから、民法465条の６の規律は及ばないが、同保証についても、個人根保証から保証会社へのシフトの動きがある。これに対し、介護施設・障害者施設・病院への入所に係る身元保証については、身元保証代行団体の育成が十分でない。そのため、個人身元保証については極度額の定め（後記７（4）①（74頁））の新規適用が、かえって入所希望者の施設利用の妨げになることも懸念されている。

(イ)　民法465条の6が適用される個人保証の範囲

㋐　事業のための貸金等債務についての個人保証（民法465条の6第1項）。

㋑　貸金等債務が含まれる根保証契約についての個人保証（同上）

㋒　事業のための貸金等債務の保証人が有する、主たる債務者に対する求償権を、個人が保証する場合（求償権保証）（民法465条の8第1項前段）

㋓　主たる債務の範囲に㋒の求償権に係る債務が含まれる根保証（求償権根保証）（同条項後段）

(ウ)　保証契約の締結

これらの個人保証については、その契約の締結に先立ち、その締結の日前1か月以内(注33)に作成された公正証書（保証意思宣明公正証書）で保証人になろうとする者が保証債務を履行する意思を表示していなければ、その効力を生じない（民法465条の6第1項）。

保証意思宣明公正証書の作成に際しては、個人保証の意思確認を厳格にすることで、保証人となろうとする者の保護を図るという趣旨に則った厳格な制約がある（民法465条の6、口がきけない者についての民法465条の7）。すなわち、公証人は、保証人になろうとしている者が㋐保証しようとしている主たる債務の具体的内容を認識していることや、㋑保証

（注32）部会議事録第88回50頁における立法担当者説明。

（注33）保証意思宣明公正証書の作成が先であれば、意思確認が終わっているので、その直後に保証契約に係る執行認諾約款付きの公正証書を作成することも可能である。

契約を締結すれば、保証人は保証債務を負担し、主たる債務が履行されなければ自らが保証債務を履行しなければならなくなることを理解しているかなどを検証し、㋒保証契約のリスクを十分理解した上で、㋓保証人になろうとする者が相当の考慮をして保証契約を締結しようとしているか否かを見極めることとされている(注 34)。もっとも、改正民法も保証のリスクを十分に考慮した上で保証契約を締結しようとすることまで禁止してはいない(注 35)。

保証意思宣明公正証書については、後記第２章第２（93頁）において述べる。

㈤　公正証書作成要件除外の対象となる経営者保証の範囲（民法 465 条の 9）

㋐　主たる債務者が法人

その理事、取締役、執行役又はこれらに準じる者（狭義の経営者保証）、議決権株式の過半数を有する者等が個人保証する場合

㋑　主たる債務者が個人

(a) その共同事業者、(b) 事業に実際に従事している配偶者(注 36) が個人保証する場合

注意すべきは、上記 (b) 保証意思宣明公正証書の作成義務が免除される配偶者の範囲である。その中には「主た

（注 34）参院法務委議事録第 12 号 18 頁における政府参考人説明。公証人法施行規則 13 条を念頭に置いたものであろう。

（注 35）（注 34）の説明によれば、例えば、情誼に基づいて自己の財産を無償で与える贈与の効力が民法上否定されていないこととのバランスを考慮した立法であるという。

（注 36）事実上の配偶者は含まれない。参院法務委議事録第 14 号 52 頁政府参考人答弁。

る債務者が法人である事業者の代表取締役の配偶者」は、たとえその法人が中小・零細企業であっても、含まれない(すなわち、公正証書を作成しなければならない)。その理由は、個人事業において配偶者が事業に実際に従事している場合には、財産・労務の投下や営業利益は、夫婦の共同資産と評価されることから、実質的に共同経営と同じと評価できるが、事業がいわゆる法人成りしているときは、同様には評価できないというにある(注37)。

個人事業主の配偶者が、実際には事業に従事していないのに、従事しているとして保証意思宣明公正証書作成しないで保証契約を締結した場合には、契約はその効力を生じない。「現に従事している」か否かは、地位の名称、契約の有無やその内容、あるいは報酬の有無で判断するのではなく、もっぱら実際に継続的に事業に従事しているか否かによって決せられる(注38)。

(ウ)(エ)の詳細については、後記第2章第1の2(95頁)において述べる。

(2) 契約締結前の情報提供義務

① 締結前情報提供義務の要件と内容

主たる債務者は、事業のために負担する債務の個人保証(根保証を含む)を依頼しようとするときは、当該個人(受託した保証人)に対して債務者の(ア)財産及び収入の状況、(イ)主たる債務以外の負債全体の金額・履行状況、(ウ)主たる債務の担保とし

(注37) 参院法務委議事録第10号8頁政府参考人答弁。
(注38) 参院法務委議事録第14号50頁政府参考人答弁。

て他に提供する不動産等があるかについての情報を、具体的には、主たる債務者たる法人の決算書を示すなどして提供しなければならない（民法 465 条の 10 第１項）(注 39)。保証意思宣明公正証書の作成が義務付けられている場合（第１章第２の２(1) ②（40 頁））には、保証人になろうとする者のリスク判断に必要不可欠であるから、公正証書の作成時点までに情報提供をすることが予定されている(注 40)。

提供すべき情報の内容は、上記(ア)～(ウ)に限られている。それらの情報提供義務を怠った場合にのみ、受託保証人による保証契約取消権（民法 465 条の 10 第２項）の対象となる。ただ、例えば主たる債務の内容についての情報提供を怠った場合には、錯誤による取消権（民法 95 条）の適用の余地がある。

主たる債務は、「事業のために負担する債務」で足りる。したがって事業のための貸金債務等でなくとも、例えば、事務所・工場など事業用物件を賃借する契約についても、その契約の個人保証人に対しては、主たる債務者たる賃借人には、上記の説明義務がある。

なお、委託をしていない保証人にまで主たる債務者の信用に係る情報を提供する義務を主たる債務者に負わせるのは相当でない。したがって、上記の情報提供義務を負うのは、保証の委託を行う場合（受託保証人に対して）のみに限られる。

(注 39)　金融庁の主要行向けの総合的な監督指針（本書「第１章」第１の２（6）（24 頁））Ⅲ-3-3-1-2（2）ホ及びへにおいては、保証契約締結時も根保証の契約存続時のいずれも、情報提供義務者として債権者が想定されている。しかし新法では、保証人になるかどうかの判断材料として主たる債務者の財産・収支情報こそ重要であることから、締結前情報提供義務者は主たる債務者に変更されている。

(注 40)　参院法務委議事録第 12 号 21 頁における政府参考人答弁。

② 締結前情報提供義務違反の効果

情報提供義務を負う主たる債務者が①の情報を提供せず、又は事実と異なる情報を提供したために委託を受けた者がその事項について誤認をし、それによって保証契約の申込み又はその承諾の意思表示をした場合においては、主たる債務者が当該情報を提供せず又は不実の情報を提供したことを債権者が知り又は知ることができたときは、その個人受託保証人は、保証契約を取り消すことができる（民法465条の10第2項）。

保証契約が取り消されれば、融資契約の実務上、主たる債務者は期限の利益を失い、直ちに全額返済をすべき事態に立ち入ることから、保証人に対する契約締結時の情報提供義務は、この受託保証人の取消権の存在により強化・実効化されていると言えよう。

上記の情報提供義務違反の事実を「債権者」が「知ることができた」との要件は、保証人が受けた説明内容について、債権者に厳格な調査義務まで課すものではない(注41)。しかし債権者が主たる債務者の虚偽説明等をしたことを「知ることができた」場合にも保証人の取消権が成立することから、債権者には、受託保証人が主たる債務者から上記①の説明を受けた旨のチェックシートを徴求する程度の心構えが求められよう。

③ 締結前情報提供義務の主体と相手方

締結前情報提供義務者は、主たる債務者であって、債権者ではない。債権者が主たる債務者の資産・負債状況を漏らすのは守秘義務の問題を生じるだけでなく、債権者がそれらを精確に把握するのは一般に困難だからである(注42)。上記①及び②は、

（注41）部会議事録第86回23頁。

保証をする者が法人の場合には、適用されない（民法465条の10第3項）。この点、保証人の請求により債権者が負担する主たる債務者の履行状況に関する情報提供義務（民法458条の2。後記3（2）①（52頁））と異なる。

なお、個人保証人に対する情報提供義務と保証意思宣明公正証書作成との関係につき、第3章第1（144頁）参照。

(3)　保証と錯誤・詐欺等

①　錯　　誤

かつては、「形だけ」とか「迷惑をかけない」などと告げられ、保証契約を締結したと保証人が主張し、その錯誤が問題となった。それらのケースの多くは保証契約締結の動機に錯誤があるにすぎないため、意思の欠缺（改正前民法95条）による保護は難しかったといえる。しかし、主たる債務がどのような態様のものか、についての錯誤であって、それが表示されているケースであれば、その主たる債務の目的すなわち法律行為の内容についての、しかも、保証契約の重要な要素の錯誤となるため保護される（判例の採る動機の契約内容化構成[注43]）。ただ、最判平成28年12月19日判時2327号21頁は、信用保証協会が、中小企業者としての実態のない者を中小企業者として誤信したとしても、契約内容となっていたとは認められないとして錯誤の適用はないとしている。そのほか、判例は、他に保

（注42）部会議事録第80回17頁。
（注43）最判平成14年7月11日集民206号707頁、2017（平成29）年改正民法との連続性については、潮見佳男『民法（債権法関係）改正法案の概要』（2015（平成27）年）8頁。

証人がいる(注44)、担保物がある(注45)などの事情は、表示され、意思表示の内容となっていない限り(注46)、錯誤による取消事由とはならないとしている。2017(平成29)年改正民法の錯誤規定(民法95条)は、上記判例の立場を踏まえて改正されたものである。

2017(平成29)年民法改正により、事業のためにする債務負担に係る個人保証については、上述(2)のとおり、主たる債務者による契約締結時の資産状況に係る情報提供義務(民法468条の10)が法定され、主たる債務者がそれに違反した場合に債権者がそのことを知り得べきであれば、受託保証人に保証契約の取消権が付与されるに至った。さらに事業に係る債務の個人の第三者保証については、公正証書による保証意思の確認要件(民法465条の6・同7)が加わることとなった。それゆえ、これらの者については保証契約の錯誤(民法95条)固有の問題は、減少すると推測される。

なお、保証契約中に、表明保証条項(前記第1の1(2)⑨(19頁))として、(ア)条項に表示された事実関係・権利義務関係等一定の事項について、表意者(保証契約の一方当事者たる債権者)がその真実性を保証したこと、(イ)それが真実と食い

(注44) 大判大正7年6月1日民録24輯1159頁。ただし、保証意思宣明公正証書作成の関係では、他に保証人があるかどうかは、「他に保証人があるかどうかにかかわらず、その全額について履行する意思」の有無が法定の口授事項(民法465条の6第2項イ及びロ)になっているから、当然に確認されることになる。第2章第2の5(106頁)参照。

(注45) 大判昭和20年5月21日民集24巻9号。

(注46) 主たる債務者が反社会的勢力でないこととの表示が、保証契約の内容になっていたとまで認められないとする判例として、最判平成28年1月12日民集70巻1号1頁。

違っているときには、表意者側の故意・過失の有無に関係なく、表意者が相手方に対し損害賠償ないし補償をしなければならないとの条項を入れておくと、表意者側からの錯誤でないとする主張は、大幅に制限され、事実上保証人保護の機能を果たすことになろう。

また、表明保証に係るトラブルを防止するために、保証契約の際、「保証人は、主たる債務者から、その財産状況等について……の説明を受けたことを確認する。」等の文言を追記しておくことも有効であろう。

②　詐　　欺

保証人が主たる債務者から騙されて保証委託を承諾した場合は、その保証委託契約の取消原因となる。しかし、債権者と保証人間の保証契約の効力を否定するためには、別途、第三者詐欺（民法96条２項）の要件を満たすものでなければならない(注47)。

③　不実告知を理由とする取消し

消費者（個人）は、事業者たる個人から消費者契約（保証契約や保証委託契約は、それに含まれる）の締結についての勧誘に際し、重要事項について事実と異なることを告げられ、その内容が事実であると誤認し、それによって当該消費者契約の申込み又はその承諾の意思表示をしたときは、これを取り消すことができるとしている（消費者契約法２条・４条１項１号）。もっとも、その承諾の意思表示の取消しは、これをもって善意の第三者に対抗することができない（同法４条６項）。

（注47）最判昭和32年12月19日民集11巻13号2299頁。

(4)　保証契約と保証委託契約

①　債権者、債務者、保証人の相互関係

(ア)　保証契約の主体

保証契約は、債権者と保証人の間で締結されるのであり、主たる債務者は、保証契約と直接の関係を持たない。そのため主たる債務者との間に保証委託がないまま保証人となっても良い。さらには、主たる債務者の意思に反して保証契約を締結することすらできる。主たる債務者と第三者の間に保証委託があるか否かは、保証債務の成立に無関係であり、求償権の範囲や求償権の制限、事前求償権の有無などに影響を与えるにとどまる（民法459条以下)。

(イ)　保証委託契約・履行引受契約と保証債務との関係

主たる債務者と第三者（保証予定者）との間で、保証人になるのを引き受けること（保証委託契約）あるいは第三者が主たる債務の履行をすべきこと（履行引受契約）を合意したとしても、それだけでは保証債務は成立しない。

②　保証委託契約の瑕疵が保証契約に与える影響

主たる債務者と保証人との間で締結された上記の保証委託契約に無効事由又は取消事由があっても、保証契約の効力には直接の影響がない。そこで、例えば、保証人が主たる債務者から欺かれたり錯誤に陥ったりして保証委託を承諾したとき、保証委託契約の取消原因となることがあっても、保証契約について、その効力を否定するには、別途、保証契約取消権（民法465条の10第2項)、錯誤（民法95条）又は第三者の詐欺（民法96

条２項）を問題としなければならない（前記第２の２（2）（44頁）同（3）（47頁）参照）。

(5)　保証人の資格

①　保証人の資格―原則と例外

㈠　保証人の資格

原則として制限がない。ただし、債務者が法律上(注48)、契約上又は裁判所が不在者財産管理人等に担保提供を要求する場合（民法29条１項・830条４項・953条）など、債権者等に対して保証人を立てる義務を負う場合には、債務者が立てる保証人は、㋐行為能力者であることと、㋑弁済の資力を有する者であることという２つの要件を充たすものでなければならない（民法450条１項）。

㈡　保証人変更請求

債務者が、債権者に対して、保証人を立てる義務を負う場合において、債務者が上記㈠の㋐・㋑の要件を充たす保証人を立てていたところ、この保証人がその後に㋑の要件を欠くに至ったときには、債権者は、債務者に対し、㋑の要件を充たす保証人に変更するよう請求することができる（民法450条２項）。ちなみに㋐の要件を欠くに至っても、㋑の弁済資力さえ有していれば、法定代理人に保証債務を履行させれば足りることから、保証人の変更を求めることはできない。

（注48）例えば建設業法21条は、請負代金の前払いにつき注文者から請負人に保証人を立てるよう請求できると規定している。

もっとも、「債務者が、債権者に対して、保証人を立てる義務を負う」場合において、債権者自身が保証人を指名した場合には、そもそも㋐㋑の要件は適用されず、保証人の変更請求はできない（同条3項）。

②　立保証義務に違反したときの効果

債務者が、上記①(ア)の㋐・㋑の資格を充たす保証人を立てられないときは、以下の効果を生じる。

(ア)　代わり担保の提供を行う。すなわち、債務者は、他の担保を提供してこれに代えることができる（民法451条）。

(イ)　上記(ア)もできないときは、債務者は、主たる債務について期限の利益を喪失する（民法137条3号）。

(ウ)　債権者は、立保証義務の違反を理由として、主たる債務の基礎にある契約を解除できる（民法541条）。

3　保証債務の存続

(1)　保証債務の内容

①　保証債務の成立時における保証の範囲

保証契約の内容は、保証契約締結時の約定と、保証債務の付従性によって定まる。

民法は、その内容が保証契約当事者間の約定によっても確定されない場合を想定して、保証契約の内容が原則として利息、違約金、損害賠償その他全ての主たる債務に従たるものを包含する旨の規定を設けている（民法447条1項）。

保証人は、その保証債務についてのみ、違約金又は損害賠償の額を特に約定することもできる（同条2項）。その場合、主たる債務者より重い負担となり得るが、その保証人が本来の債務を履行すれば、約定違約金又は損害賠償金を支払う必要はないものであるから、このような約定も適法と考えられている。

②　主たる債務の態様等の加重と保証債務の範囲

主たる債務の目的又は態様が保証契約の締結後に加重されたときであっても、保証人の負担は加重されない（民法 448 条２項[注49]）。

③　期間の定めのある賃貸借契約の更新と保証債務の存続

判例は、期間の定めのある建物賃貸借契約の保証人は、反対の趣旨をうかがわせるような特段の事情のない限り、期間更新後の賃貸借から生じる債務についても保証の責めを負うと解している[注50]。この判例は、建物賃貸借契約に関する当事者の合理的意思を推定するものであって、借地契約の保証については射程外と解される。

賃貸借の一般論としては、期間の定めのある賃貸借の保証は、賃貸借期間が延長されても、保証期間は延長されないと解されるが、反対説もある[注51]。

（注 49）この規定は、2017（平成 29）年民法改正時に、従来の通説を明確化するため追加された。
（注 50）最判平成９年 11 月 13 日判時 1633 号 81 頁。
（注 51）潮見Ⅱ 763 頁、反対説として我妻 476 頁。

(2) 主たる債務の履行状況等についての情報提供

① 受託保証人の請求による債権者の情報提供義務

一般に、債権者は主たる債務者の履行状況等について、保証人に説明をしたり情報提供をしたりする義務を負うものではない。しかし、民法は、主たる債務者の委託を受けて保証をした保証人からの請求があれば、債権者は、主たる債務の元本、利息、違約金、損害賠償、その他、主たる債務に関する全てのものについて、不履行の有無、残額、履行期限が過ぎているものの額を知らせなければならないとしている（民法458条の2(注52)）。

この情報提供を求め得る根拠は、主たる債務の残額を知るもっとも的確な手段は、債権者からの情報提供であるところ、債権者は受託保証人からの求めがある場合には、その求めに応じ、守秘義務を免れつつ情報提供させるのが妥当とする立法政策にある。そのため、情報提供を求め得る受託保証人は、個人保証に限られず、法人保証をも含み、さらには主たる債務が「事業のために負担する債務」でなくとも良い（情報提供の主体及び情報提供を受ける者の範囲は保証契約締結前の情報提供（民法465条の10）と異なる。前記2（2）（44頁））。

この義務に違反しても債権者には明文上直接の不利益は定められていない。しかし、受託保証人に不測の損害を生じさせないための規律であることから、債務不履行状況を当該保証人に提供しなかったことに起因する保証人の損害につき、債務不履行責任としての賠償責任が問われ、あるいは保証契約の解除権が行使される可能性がある（民法541条）。

（注52） この義務は、2017(平成29)年の民法改正によって新たに定められた。

なお、この義務は、債権者に対し債務者からの委託を受けた保証人を保護するため、その主たる債務者の営業秘密に属する機微な資産情報を債権者が受託保証人に開示すべきことを求めるものであり、保証契約締結前の情報提供義務（民法465条の10。上記２（2）（44頁））と同様、委託を受けていない保証人にまで主たる債務者の信用に係る情報開示を受忍する義務を主たる債務者に負わせるのは相当でない。したがって、債権者が上記の情報提供義務を負うのは、受託保証人に限られる。

②　個人保証人に対する期限の利益喪失についての情報提供義務（民法458条の３）

(ア)　主たる債務者が期限の利益を有していたのに、その利益を喪失したときは、債権者は、個人保証人に対し、その利益の喪失を知った時から２か月以内に、その旨を通知しなければならない（同条１項）。

(イ)　上記の期間内に所定の通知をしなかったときは、債権者は、その個人保証人に対し、主たる債務者が期限の利益を喪失した時点から通知の時点までに生ずべき遅延損害金（期限の利益を喪失しなかったとしても生ずべきものを除く。）に係る保証債務の履行を請求することができない（同条２項）。

なお、上記の義務に違反した場合でも、債権者が期限の利益喪失の効果を主張できなくなるわけではない。

(ウ)　上記の各規定は、上記①の義務とは別に、特に個人保証人を保護するため、債権者が自働的に個人保証人に情報提供する義務を定めたものである(注53)。保証人が法人である場合には、適用されない（同条３項）。

（注53）この義務は、2017(平成29)年の民法改正によって新たに定められた。

4 求償権

(1) 保証人の求償権(事後求償権)

保証人は、主たる債務者に代わって弁済その他債務消滅行為をすることによって、主たる債務を満足させたときは、主たる債務者に対して求償をすることができる。

この求償権は後述(3)(63頁)の事前求償権と区別して、事後求償権と呼ばれることもある。事後求償権における求償範囲については、主たる債務者からの委託を受けた保証人(受託保証人)か否か、委託がない場合(無委託保証人)には、主たる債務者の意思に反して保証人になったか否かにより、以下のとおり、異なる処理がされている(民法459条、同462条)。その実質は、不当利得の清算関係であり、委任費用(民法650条)、事務管理費用(民法702条)の場合と同質と言える。

① 受託保証人は、支出した財産の全額(その財産の額がその債務の消滅行為によって消滅した主たる債務の額を超える場合には、その消滅した額)を求償できる(民法459条1項(注54))。ただし、受託保証人が期限前弁済をした場合、そのことにより主たる債務者の期限の利益が害されるようなことがあってはならないため、次のような規律がされている。

(ア) 求償の範囲は、受託保証人の債務消滅行為により主たる債務者が利益を得た限度とする(民法459条の2第1項

(注54) 民法旧459条1項においては、受託保証人の求償権についての規定は置かれていたものの、その支出の価額と主たる債務の消滅額が不一致の場合の求償可能額が明確ではなかった。民法新459条1項は、求償の基準を明確化している。

前段）(注55)。

(イ)　その上で、㋐主たる債務の弁済期以降の法定利息、㋑弁済期以後に債務消滅行為をしたとしても避けられなかった費用、㋒その他の損害を包含する（同条２項）(注56)。

(ウ)　求償権行使の時期は、主たる債務の弁済期以降に限る（同条３項）(注57)。

また、受託保証人が主たる債務の弁済期到来前に債務の消滅行為を行ったものの、主たる債務者から相殺権の存在を理由に求償を拒絶される場合がある。その場合、保証人は債権者に対し、相殺によって消滅すべきであった債務の履行を請求することができる（同条１項後段）(注58)。

②　債務者の意思に反しない無委託保証人は、主たる債務者がその当時利益を受けた限度で求償できる。ただし、法定利息・費用・損害賠償等（民法 459 条の２第２項）は求償範囲

（注 55）受託保証人といえども主たる債務の弁済期到来前に弁済等をした場合の事後求償の範囲は、受託かつ主たる債務者の意思に反しない保証人の事後求償権の範囲（民法旧 462 条１項）と同じく「主たる債務者がその当時利益を受けた限度」にとどまることとされた。

（注 56）受託保証人の求償権の範囲については、民法 459 条２項により、連帯債務者間の求償に係る民法 442 条２項が準用されている。しかし、受託保証人が期限前弁済等を行った場合、仮に期限後に弁済等を行っていれば求償できなかった分まで求償させるのは不合理といえる。それゆえ、法定利息・費用・損害賠償等の求償範囲は「主たる債務の弁済期以後」の分に限るとの明文が 2017（平成 29）年民法改正時に新たに置かれた。

（注 57）大判大正３年６月 15 日民録 20 輯 476 頁等の判例の趣旨を 2017（平成 29）年民法改正時に明文化した。

（注 58）この点、旧法下では条文上明確でなかったため、2017（平成 29）年民法改正時に委託を受けない保証人の求償権に係る民法 462 条２項後段を参考に明文化した。

に含まれない（民法462条1項・459条の2第1項）(注59)。

③　債務者の意思に反して保証人となった無委託保証人が求償できる範囲は、主たる債務者が求償時点で受けている利益のみとなる（民法462条2項）。

(2)　事後求償権の制限

保証人が弁済その他の債務消滅行為をした場合でも、それを知らずに主たる債務者が弁済その他の債務消滅行為をすることがある。あるいは、主たる債務者が債権者に対して反対債権による相殺権、同時履行の抗弁権、契約の取消し・解除権など、なんらかの権利主張をする機会を有していることがある。

反対に、主たる債務者が弁済、消滅時効完成の援用その他の債務消滅行為をしたのに、保証人がそれを知らずに弁済等を行うことがある。

このような互いの二重弁済等を避け、あるいは相殺等の権利主張の機会を有していた主たる債務者を保護するためには、保証人と主たる債務者はそれぞれの弁済等の時点で、相手方に対して事前及び事後にその通知をするのが有用である。それをしない保証人あるいは主たる債務者は、相互に以下の不利益を受けることがあるとされている（民法463条）。

相互間の通知義務の有無とその理由を先に概観しておく（○＝通知義務あり、△＝通知の有無は問わない）。

（注59）無委託保証人の求償範囲を定めた民法462条は、民法459条の2のうち、第1項と第3項を準用しているが、第2項を準用していない。その結論は旧法当時と同じである。

相手方／発信者	主たる債務者			
	事前通知義務の有無		事後通知義務の有無	
受託保証人	○	※1	○	※2
無委託保証人（意思に反しない場合）	△	※3	○	※4
無委託保証人（意思に反する場合）	△	※5	△	※6

※1…通知解怠あれば、主たる債務者は対債権者抗弁をもって受託保証人に対抗できる（民法463条1項）。
※2…通知解怠あれば、善意の主たる債務者による弁済等の債務消滅行為は有効とみなせる（民法463条3項）。
※3…通知の有無を問わず、消滅行為時の現存利益のみ求償可（民法462条1項・459条の2第1項）。
※4…（※2と同じ）（民法463条3項）
※5…通知の有無を問わず、求償時の現存利益のみ求償可（民法462条2項）。
※6…通知の有無を問わず、主たる債務者の弁済等の債務消滅行為が有効とみなせる（民法463条3項）。

相手方／発信者	受託保証人				無委託保証人			
	事前通知義務		事後通知義務		事前通知義務		事後通知義務	
主たる債務者	×	※7	○	※8	×	※9	△	※10

※7と※9…元来、主たる債務者が事前通知しても保証人への求償などあり得ないので通知は不要。
※8…通知解怠あれば、善意の保証人による弁済等の債務消滅行為は有効とみなせる（民法463条2項）。
※10…通知の有無を問わず、主たる債務者の弁済等の債務消滅行為が有効とみなせる（民法463条3項）。

① 保証人・主たる債務者相互間の通知の懈怠

(ア) 主たる債務者の委託を受けて保証をした者（受託保証人）が弁済等の債務消滅行為をすることにつき(注60)、事前の通知をしないで弁済等の債務消滅行為を行ったとき。

主たる債務者は、債権者に対抗することができた事由をもってその受託保証人に対抗できる（前表※1）。この場合、相殺をもってその保証人に対抗したときは、その保証人は債権者に対し、不当利得関係を解消するため、相殺によって消滅すべきであった債務の履行を請求することができる（民法463条1項(注61)）。

(イ) 主たる債務者が債務の消滅行為をしたことを受託保証人に通知することを怠ったため、その保証人が善意・無過失で弁済等、債務の消滅行為をしたとき。

その受託保証人は、その債務の消滅行為を有効であったものとみなすことができる（民法463条2項）（前表※8）。

（注60）民法旧規定（463条1項が準用する旧規定の443条）は「履行の請求を受けたこと」であったが、通知内容は「債務消滅行為をすること」で必要十分なため、2017(平成29)年民法改正時に改められた。

（注61）受託保証人以外の保証人については、民法462条1項（＝民法459条の2第1項準用）・2項によって、求償の範囲は制限されており、重ねて（事前）通知義務を課す意味がない。その趣旨を明確にするため、2017(平成29)年民法改正時に、463条1項の規律の対象からそれらの保証人が除外された。

(ウ)　主たる債務者の委託を受けないで保証をした者が、事前の通知をし、あるいはしないで債務の消滅行為をしたとき。

事前通知の有無に関係なく、その保証人は、主たる債務者に対し、主たる債務者が保証人による消滅行為当時に現存していた利益のみ求償できる。求償に際し、主たる債務者が消滅行為日以前に相殺の原因を有していたと主張するときは、保証人は債権者に対し、その相殺によって消滅すべきであった債務の履行を請求することができる（民法462条１項・459条の２第１項）（前表※3）。

(エ)　通知義務の根拠に関する若干の補足説明

上記の(ア)と(イ)は、いずれも保証委託関係にある当事者間の信義則に基づく解決方法と考えられる。これに対し、委託を受けていない保証人（無委託保証人）に対しては、主たる債務者は事後通知義務すら負担しない（前表※10）。

なお、主たる債務者は、全ての保証人に対して、事前通知の義務を負うことはない（前表※7と※9）。事前通知は、複数の債務者間で他の債務者への求償を行うことを前提とした仕組みであるが、主たる債務者が事前通知しても保証人への求償などあり得ないことから、通知義務も存在しない。

②　保証人が債務の消滅行為をした後に主たる債務者が債務の消滅行為をした場合

(ア)　保証人が主たる債務者の意思に反して保証をしたとき。

主たる債務者は当該保証人の弁済等による現存利益がある場合にのみ求償される関係（民法702条３項と同趣旨）であ

るから、当該保証人が事前あるいは事後に主たる債務者宛て通知しても、主たる債務者は、自己の債務の消滅行為を有効であったものとみなし、当該保証人からの求償を拒絶することができる（民法462条2項、463条3項）（前表※5・※6）。

この場合において主たる債務者が求償の日以前に相殺の原因を有していたことを主張するときは、保証人は債権者に対し、その相殺によって消滅すべきであった債務の履行を請求することができる（民法462条2項後段）。

(イ)　上記(ア)以外の保証人（受託保証人及び主たる債務者の意思に反しない無委託保証人）が債務の消滅行為をしたことを主たる債務者に通知することを怠ったため、主たる債務者が善意で弁済等自己の債務の消滅行為をしたとき。

主たる債務者は、自らの債務の消滅行為を有効であったものとみなすことができる（民法463条3項）（前表※2・※4）。なお、委託保証人に関しては、条文には明文はないが、善意では足りず、無過失も要求すべきであるとする見解もある[（注62）]。

(ウ)　主たる債務者が複数いる場合の求償権

主たる債務が分割債務である場合には、求償に応じる義務も、各債務者について分割債務となる。主たる債務が不可分債務又は連帯債務である場合には、求償に応じる義務も、各債務者について不可分債務又は連帯債務となる。

（注62）潮見Ⅱ 705頁。

(エ)　主たる債務者の一部について保証した場合の求償権

主たる債務者の一部について保証した場合、主たる債務が分割債務であるときには、自分が保証していない他の債務者との間では、求償関係は生じない。主たる債務が不可分債務又は連帯債務である場合には、そのうちの債務者一人のために保証をした者は、自分が保証していない他の債務者に対しては、自分が保証した主たる債務者の負担部分のみについて求償権を有する（民法464条)。求償の循環を避けるためである。

(3)　受託保証人の事前求償権

①　事前求償権の意義

保証人の求償権は、原則として、保証人が弁済その他自己の財産をもって主たる債務を消滅させたときに発生する（上記(1)の事後求償権)。

しかしながら、主たる債務を消滅させた後で求償したのでは求償権がカラ手形になってしまう恐れがある。そこで、民法は主たる債務者からの受託により保証した者（受託保証人）については、受任者の費用前払請求権（民法649条）の特則を設け、一定の場合に、求償権の事前行使を認めている（民法460条)[注63]。

(注63)　通説及び新法の立案当局者は、事前求償権を委任の事務費用の前払請求権（民法649条）と位置づけている。その上で通説は、保証債務の個所に特別の規定を設けたから、649条の規定は適用されないとしている。我妻488頁、旧注民（11）275頁、潮見Ⅱ711頁。

②　事前求償権の成立

事前求償権は、当事者の合意による場合のほか、次の場合に成立する。

(ア)　主たる債務者が破産手続開始の決定を受け、かつ、債権者がその破産財団の配当に加入しないとき（民法460条1号）。

(イ)　債務が弁済期にあるとき。ただし、保証契約の後に、債権者が主たる債務者に許与した期限は、これをもって保証人に対抗できない（民法460条2号）。

(ウ)　保証人が過失なく、債権者に弁済すべき裁判の言渡し（確定判決）を受けたとき（同条3号（注64）（注65））。

③　事前求償への主たる債務者の対抗措置

保証人が事前求償権を行使した場合に、債権者が全部の弁済を受けない間は、逆に主たる債務者が危うい立場となる。そこで主たる債務者は、保証人に対して、次の逆対抗措置を取ることができるとされている。

(ア)　担保提供請求権

主たる債務者が請求に応じる代わりに保証人が担保を提供することを請求する（民法461条1項前段）。なお、提供すべき担保の具体的内容については、主たる債務者が主張・立

（注64）2017（平成29）年民法改正前には、「債務の弁済期が不確定で、かつ、その最長期をも確定することができない場合において、保証契約締結後10年を経過したとき」（民法460条旧3号）も事前求償の対象とされていたが、適用例に乏しいことから、削除された。

（注65）その類型は、むしろ事前求償を相当とするものであるから、2017（平成29）年改正民法により、事前求償の項において明文化された（民法460条新3号）。

証しなければならない。

(イ)　免責請求権

主たる債務者が請求に応じる代わりに自己の免責を得させるように請求することができる（民法 461 条 1 項後段）。債権者と交渉して主たる債務者に対して債権者が履行責任を追及しないと約束させるのがその例とされる(注 66)。

(ウ)　担保提供請求権・免責請求権と保証人の事前求償権との関係

これについては、予め求償権を行使された場合には、主たる債務者は求償に応じた上で、上記請求権を行使できるとして同時履行の関係を否定する見解(注 67)と、同時履行関係を肯定する見解(注 68)がある。

(エ)　主たる債務者が保証人に対して償還をする場合

主たる債務者は事前求償権に応じずに、㋐保証人に支払うべき金額を供託するか（なお、この供託は主たる債務を消滅させるための供託（民法 494 条以下）ではない）、㋑事前求償額に相当する担保を提供するか、又は、㋒債権者と交渉して保証人を免責させることによって、事前求償に応じる義務を免れる（民法 461 条 2 項）。

④　事前求償権の不存在

次の場合は、事前求償権は生じないと解されている。

（注 66）潮見Ⅱ 722 頁注 214。
（注 67）我妻 492 頁、旧注民（11）279 頁等。
（注 68）大判昭和 15 年 11 月 26 日民集 19 巻 2088 頁。

(ア) 保証人が、求償権を担保するために主たる債務者から十分な担保の提供を受けている場合。信用保証協会などの機関保証の場合は、多くこれに該当しよう。

(イ) 物上保証人には、事前保証請求権はないとするのが判例である(注69)。

⑤ 事前求償権と事後求償権の関係

別個独立の請求権なので、保証人が弁済等により主たる債務者を免責させたことにより取得する事後求償権の消滅時効は、事前求償権を行使し得た時からではなく、弁済等の免責行為をした時から進行する(注70)。ただ、事前求償権を被保全債権とする仮差押えは、事後求償権の消滅時効の完成を猶予させる効力(旧法の時効中断効)を有する(注71)。

5 連帯保証

(1) 連帯保証の意義

連帯保証とは、保証人が主たる債務者と連帯して債務を負担する旨合意(特約)した場合をいう。保証契約書の契約文言に連帯保証を示す文言が書かれていればよい。このように、連帯の合意は、保証債務に付された特約であると解することができるから、催告・検索の抗弁に対する再抗弁に位置づけられ、請求原因において主張する必要はない。また、主たる債務が事業経営など商行為によって生じたとき、あるいは保証が商行為で

(注69) 最判平成2年12月18日民集44巻9号1686頁。
(注70) 最判昭和60年2月12日民集39巻1号89頁。
(注71) 最判平成27年2月17日民集69巻1号1頁。

あるときは、常に連帯保証となる（商法511条2項）。もっとも、取引社会で通常みられる保証は、ほとんどが連帯保証であり、保証契約と連帯保証契約は別個の契約類型であるとする見解もある。

(2)　連帯保証の特色

連帯保証も保証債務の一種であり、負担部分がない点では単なる保証と異ならない。

しかし、連帯保証人は主たる債務者と連帯して、いわば横並びで債務を負担することから、単なる保証債務と比し、次のような特色を有する。

①　補充性の不存在

連帯保証には、補充性がない。つまり、連帯保証人には催告の抗弁権（民法452条）、検索の抗弁権（民法453条）がない（民法454条）ので、債権者から請求を受けた際、主たる債務者にまず催告をしないと請求できないと主張できないし．主たる債務者の財産にまず強制執行をするようにと主張して請求を拒むこともできない。

②　連帯保証人について生じた事由の影響

単なる保証（単純保証）では、保証人について生じた事由は、主たる債務者に影響を及ぼさない（第2の1（3）①(ウ)（34頁））。これに対して、連帯保証では、絶対的効力事由を定める連帯債務の規定が準用されていることから、一定の場合に、保証人について生じた事由が、主たる債務者に影響を及ぼす（民法458条）(注72)。

保証人に生じた事由のうち、絶対効を生じるのは、連帯債務の絶対的効力事由に該当するもの、すなわち更改（民法438条）・相殺（民法439条1項）・混同（民法440条）並びに弁済・代物弁済・供託等債権者に満足を与える事由及びそれに関連する事由のみである[注73]。そのため、保証債務の承認や連帯保証人の一人に対する履行の請求など連帯債務においても絶対的効力事由に該当しないものについては、連帯保証においても主たる債務者に影響を及ぼさない。

③　分別の利益の不存在

複数の保証人がいる場合、原則として債務額は保証人の数に応じて分割される（分別の利益、民法456条）。しかし、連帯保証人には、分別の利益はないとされている[注74]。

(3)　連帯債務との違い

連帯債務者は、それぞれが独立の債務者であって、相互に付従性はない（ただし、弁済・供託の他、更改・相殺・混同などは相互に絶対効を生じる）。

これに対し、連帯保証は主たる債務に付従した債務であり、独立性を有しないことから、単純保証と同様、付従性（前記1(3)①（32頁））が認められる。

そのため、主たる債務が不成立、無効あるいは取り消されたときは、連帯債務も成立しない（連帯債務に係る民法437条の規律と異なる）。

（注72）2017（平成29）年民法改正により準用される条文数が減ったが、準用元の規定の改正に伴う。

（注73）消滅時効の絶対効に係る民法旧439条は、絶対効削減を目指す立法政策により、削除された。

（注74）大判大正6年4月28日民録23輯812頁。

また連帯保証の内容や態様が主たる債務より重いことも認められない（民法448条）。

連帯債務者の中に負担割合がゼロの連帯債務者がいたとすれば、その者は特段の事由がない限り、連帯保証人であると解するのが相当な場合が多いであろう(注75)。

6　共同保証

(1)　共同保証の意義

共同保証とは、一個の債務について複数の保証人がいる場合をいう。同時に複数の者が保証人になる場合のほか、一部の者が後から保証人になった場合も含む。共同保証では、保証人が複数いるため、債権者に対する関係や、保証人相互の関係で、普通の保証（通常保証）と異なる規律がされている。

(2)　債権者に対する関係

①　分別の利益

共同保証人は、原則として、分別の利益を有する。すなわち、各共同保証人は、主たる債務の額を保証人の頭数で割った額についてのみ、保証債務を負担する（民法456条・427条）。

（注75）我妻405頁。潮見Ⅱ578頁は、保証の規定のうち、保証人の保護に関わるもの（方式要件を含む）を準用することにより、保証の規定の潜脱を回避するとともに、人的担保の実態に即した処理をすべきとしている。

② 分別の利益が認められない場合

次の場合には、分別の利益を有しないとされており、実際には共同保証では(イ)・(ウ)が大半を占めている。

(ア) 主たる債務が不可分債務である場合（民法465条1項）。
(イ) 共同保証人間で各人が全額を弁済するとの特約（保証連帯）がある場合（同項）。
(ウ) 保証が連帯保証である場合（前記5（2）③）。

（3） 共同保証人間の求償権

① 求償権の根拠

共同保証人の一人が弁済その他の債務の消滅行為をした場合には、この者は、主たる債務者に対して求償権を取得するのが本則（受託保証人につき民法459条、受託なき保証人につき民法462条・459条の2第1項）だが、他の共同保証人に対しても、求償できる（民法465条）とされている。弁済等の債務消滅行為をした共同保証人は、主債務者に求償しても良いし、他の共同保証人に求償しても良い。

② 求償できる範囲

以下のとおり異なっている。

(ア) 共同保証人に分別の利益がある場合

負担部分を超える額を弁済した保証人は、委託を受けない保証人の求償権に関する規定に従って、その超過額についてだけ、他の共同保証人に求償することができる（民法465条

2項による同462条の準用)。

(イ)　共同保証人に分別の利益がない場合

「負担部分を超える額」を弁済した保証人は、連帯債務者間の求償権に関する規律に従って、求償する（民法465条1項による同442条から同444条までの準用)。連帯保証人が複数いる場合も同様の扱いとなる。

(4)　共同保証人の一人に生じた事由の他への影響

複数の保証人が存在する場合には、保証人間に保証連帯のある場合を除けば、各保証人間に連帯債務に準じる法律関係が生じないのが原則であり、それゆえ、共同保証人の一人に生じた事由は、たとえその者が主たる債務者の連帯保証人であっても、他の連帯保証人に影響しないのが建前となっている。

もっとも、実務の大半は保証連帯であり、共同保証人間に連帯の特約があるため、各保証人間に連帯債務に準じる法律関係が存在する。その場合は、共同保証人の一人に生じた事由のうち、連帯債務につき絶対的効力とされているものは、他の共同保証人にも影響を及ぼすこととなる。

7　根保証

(1)　根保証の意義と種類

根保証とは、一定の範囲に属する不特定の債務を主たる債務とする保証契約をいう（民法465条の2第1項冒頭)。継続的保証ともいう。次の類型がある(注76)。

① 信用保証

(ア)継続的な売買取引や、(イ)継続的な融資などの銀行取引等から生じる不特定の債務の根保証。

② 賃借人の債務の保証

アパートやマンションの賃貸借等に係る賃借人の債務の根保証。

③ 身元保証

(ア)狭義の身元保証すなわち被用者の債務不履行・不法行為等から生じる損害の補てんを約する根保証と、(イ)被用者の過失の有無を問わず、一身から生じる一切の債務の根保証すなわち債務引受とがある。これらは、身元保証法（1931（昭和6）年制定）によって、保証の期間（同法1条・2条）や裁判所による責任範囲の限定（同法5条）等が図られている。

(2) 元本確定前の債権者と保証人の地位

① 元本確定前の保証人への履行請求と弁済

元本確定期日前に主たる債務者が債務不履行に陥った場合、債権者は元本確定前に保証債務の履行を請求できると解されている(注77)。根保証人が、これに応じて弁済をした場合、その額だけ極度額は縮減し、保証債務も縮減すると解される(注78)。

(注76) 内田360頁、潮見Ⅱ 737頁。
(注77) 最判平成24年12月14日民集66巻12号3559頁。
(注78) 潮見Ⅱ 744頁。

②　元本確定前の被担保債権の譲渡と保証債務

根保証債務において、被保証債権の一つを債権者が第三者に譲渡したとき、根保証もこれに随伴して移転するか。判例[注79]は、通常、根保証人は主たる債務の範囲に含まれる個別の債務をその都度保証しているから、元本確定期日前であっても保証債務の履行を求めることができるものとして契約を締結し、被保証債権が譲渡された場合は保証債権もこれに随伴して移転することを前提としているものと解するのが合理的であり、当該保証契約の当事者において譲受人の請求を妨げるような別段の合意がない限り、保証債務の履行を求めることができるとしている。なお、別段の合意がされた場合は、それは保証債務履行請求訴訟においては保証人の抗弁事由となる。

(3)　2004（平成16）年民法改正による個人貸金等根保証に関する特則

上記（1）①の信用保証においては、かつては被保証債権の範囲が画されず、極度額も約定されず、保証期間の制限すらない包括根保証の類型が少なくないのが現状であった。また、保証人の責任範囲は一般財産を根こそぎ浚う過酷なものとなることがあり、特に第三者による個人保証（第2の1（1）②（28頁））につき、そのような事例が相当数生じていた。

そこで、2004（平成16）年に至り、信用保証のうち特に問題が深刻化していた貸金債務等を個人が根保証するケース（個人貸金等根保証）に限り、極度額を定めなければ効力を生じないこととなる等の改正が行われた[注80]。すなわち、貸金債務又

（注79）前掲・最判平成24年12月14日。

は手形割引に係る債務を含む一定の範囲に属する不特定の債務を主たる債務とする保証契約であって、保証人が個人である場合を「貸金等根保証」と定義し（旧465条の2。2017(平成29)年改正後は民法465条の3にて定義(注81))、極度額を定めない根保証（包括根保証）は効力を生じないこととし（民法旧465条の2第2項。現在も結論同旨)、元本確定期日の上限（民法旧465条の3。現在も結論同旨）を定めるに至っている。

なお、上記2004（平成16）年の改正時点では、個人根保証のうち、個人貸金等根保証以外の根保証すなわち、継続的売買契約における代金債務の根保証、賃料債務の根保証などは保護の対象とされていなかった。

(4) 2017(平成29)年民法改正による個人根保証の保護

① 極度額に対する規制

(ア) 個人根保証の範囲の拡大

2017(平成29)年民法改正により、個人の根保証に係る保護の範囲が拡大され、その結果、㋐信用保証のうち従来、保護範囲外とされていた継続的売買契約にも、㋑賃借人の債務

(注80) 2004(平成16)年当時、他の個人根保証についても極度額の限定が問題とはされていたが、当時の衆参両院の附帯決議で見直しの検討を求めるにとどめ、取り急ぎ融資に係る根保証に限定して法改正を急いだ経緯がある。

(注81) 2017(平成29)年民法改正前の「貸金等根保証契約」（民法旧465条の2）と改正後の「個人貸金等根保証契約」（民法新465条の3）とは、同義である。

の保証にも、㋒身元保証にも、全て個人根保証保護の規律が及ぶこととされた（ただし、元本確定期日（民法465条の3）に係る規律については一部適用除外がある。後記③）。

その結果、継続的売買契約における代金債務の根保証や、賃貸借契約における賃料債務の根保証等についても、保証人が責任を負う極度額（民法465条の2第2項）を定め、それを書面化又は電磁的記録化しない限り、効力を生じないとされる（民法446条2項·3項）。

なお、個人根保証の保護範囲外にある根保証（後記(イ)㋒）については、極度額の定めがなくとも当然には無効とならない。根保証は、根抵当と異なり、債権者が担保価値を独占的・優先的に把握するものではないからである。

(イ)　個人根保証契約における極度額の定め

㋐　極度額の２つの意味と個人根保証

個人根保証における極度額とは、主たる債務の元本、主たる債務に係る利息、違約金、損害賠償等、保証債務について約定された違約金又は損害賠償額について、その全てを含んだ最大限の保証人が負う可能性のある限度額（「元本極度額」でなく「債権極度額」）を指す（民法465条の2第1項）。

㋑　個人根保証と極度額

個人根保証における極度額を保証契約締結の当初に明示することを義務づけるのは、保証人の予見可能性を確保するとともに、根保証の要否及び必要とされる金額的な範囲についての慎重な判断を求める趣旨とされる。一方で、2017（平成29）年改正民法でも極度額の上限を定めなかったのは、①保証契約が付される取引には様々なものがあり、また保証人の資力や保証人と主たる債務者との関係にも様々なものがあることから、法律で適切な上限額を設定することは困難であること、②仮に一定の金額を上限額として法定する場合には、円滑な金融を阻害する恐れもあることによる(注82)。

㋒ 個人根保証以外の根保証と極度額

個人根保証以外の根保証については、極度額の定めがなくとも良い。しかし、無限に根保証責任を負うと解するのは妥当でない。債権者と主たる債務者の通常の取引額、債権者の融資内容、保証人と主たる債務者との関係などの諸事情並びに取引慣行を総合勘案して、保証額を合理的な範囲に制限されるべきであろう(注83)。

なお、個人根保証以外の根保証において極度額が定められた場合に、元本極度額を指すのか、債権極度額を指すのかは、契約の解釈の問題となるが、当事者の意思が判然としないときは債権極度額の意味に解すべきであろう(注84)。

(ウ) 根保証と根抵当権との関係

根保証が根抵当権と併用されている場合に、債権者がまず根抵当権の実行によってその極度額相当の優先配当を受けた場合には、根保証人の保証債務は消滅すると解されている(注85)。

(注82) 参院法務委議事録第9号24頁。

(注83) 我妻473頁、潮見II 739頁など。大判大正15年12月2日民集5巻769頁、最判昭和50年11月6日金法777号27頁。

(注84) 潮見II 740頁以下。

(注85) 最判平成6年12月6日判時1519号78頁。

(エ) 個人身元保証契約と極度額の定め

前述（第１の１（2）⑦（18 頁））のとおり、身元保証には狭義の身元保証と、身元引受があるが、狭義の身元保証は、保証契約の性質をも有するため、身元保証人が個人であるときは、その身元保証は個人根保証契約の性質を有し、身元保証法と民法が重ねて適用される。

ところで、身元保証法においては、㋐期限の定めのないものは３年とし、５年を超える契約期間・更新期間を定めても超える部分は無効とされ（同法２条）、㋑使用者は、被用者に業務上不適任・不誠実な事跡があるため身元保証責任を生じる恐れがある場合や被用者の任務・任地の変更により身元保証人の責任を加重し又はその監督を困難にさせるときは、通知義務を負い（同法３条）、㋒身元保証人が㋑の事実を知るに至ったとき、身元保証契約の解除（撤回）権を取得するなど、身元保証人保護の規定が置かれている。これまでは、身元保証人が個人であっても、極度額の定めがなくとも有効とされていた。しかし、今回の改正民法施行後は、狭義の身元保証は極度額の定めのない場合は無効とされることとなる。その場合、仮に使用者に金銭を支払ったとしても、不当利得返還請求（民法 703 条）が可能となる。

(オ) 極度額の大きさの規制

どの種類の根保証にあっても、極度額の大きさに明文の規制はない（注 86）。しかし、保証の目的・資金需要や保証人の資力などと比較して極度額の定めが極端に大きな場合は、保証の上限に定めがない場合（大判大正 15 年 12 月２日民集５巻 769 頁）と同様、公序良俗違反として無効となる可能性がある（注 87）。

② 個人貸金等根保証の元本確定期日に関する規制

根保証債務の元本額が確定すると、例えば、元本が1,000万円と確定すると、その後遅延損害金がいくら発生しても、トータルで極度額（債権極度額。前記①(イ)㋐）以上の支払義務を保証人は負わないこととなる（民法465条の3）。

個人根保証のうち、貸金等根保証（民法465条の3第1項）については、特に元本額の確定期日に係る法規制が以下のとおり定められている(注88)。

(ア) 元本確定期日に係る保証期間制限

個人根保証契約であっても、元本確定期日を規定しないことも適法である。ただし、個人貸金等根保証契約（個人根保証契約のうち主たる債務の範囲に貸金又は手形割引による債務が含まれるもの）においては、元本確定期日の定めがない場合には、その元本確定期日は、その個人貸金等根保証契約の締結の日から3年を経過する日となる（民法465条の3第2項）。また、主たる債務に元本確定期日の定めがある場合には、その元本確定期日がその個人貸金等根保証契約の締結

（注86）2017（平成29）年民法改正時には、個人保証人の資力に比して過大な保証を禁止する条項につき、議論がされたが、融資が滞る恐れがあることなどから見送られた。部会議事録第44回33頁、山野目章夫ほか「（座談会）民法（債権関係）改正と金融実務―保証を中心に―」金法1954号33頁。

（注87）最高裁が掲げる「比例原則」が明文化されなかったのは、絶対的基準を策定しにくいためのようである。参院法務委議事録第11号49、68-91頁。

（注88）2017（平成29）年民法改正時の中間試案においては、元本確定期日に係る期間制限を個人根保証全般に広げることが検討されていたが、本文③の事情で見送られた。

日から５年までのもののみが有効とされる。５年を経過する日より後の日と定められているときは、その元本確定期日の定めは、効力を生じない（民法 465 条の３第１項）。無効とされる場合、元本確定期日の定めがない場合と同様である（同条２項括弧書）。金融機関からの借入について、個人の保証が長期間に及ぶことを防ぐ趣旨とされる。

㈠　元本確定期日の変更に係る保証期間制限

元本確定期日の変更をする場合、変更後の元本確定期日がその変更をした日から５年を経過する日より後の日となるときは、その元本確定期日の変更は、効力を生じない（したがって、自動更新条項を定めた場合、当初の契約日から通算５年を超えるものであれば、無効となる）。

これに対し、元本確定期日の前２か月以内に元本確定期日を変更する場合、変更後の元本確定期日が変更前の元本確定期日から５年以内の日となるときは、除かれる（民法 465 条の３第３項但書）。

㈡　元本確定期日の定めの要書面性

個人貸金等根保証における元本確定期日の定め及びその変更については、書面によらなければその効力を生じない。ただし、個人貸金等根保証契約の締結の日から３年以内の日を元本確定期日とする旨の定め及び元本確定期日より前の日を変更後の元本確定期日とする変更は、この限りでない（民法 465 条の３第４項・446 条２項・３項）。

③　個人貸金等根保証以外の個人根保証への元本確定期日規制の不適用

賃貸借契約における賃料債務の個人根保証や継続的売買契約

における代金債務の個人根保証等については、極度額の規制（前記①（74頁））は及ぶものの、元本確定期日の期間制限はない（民法465条の3による規制対象の対象とされていない）。

例えば、借地借家法の適用のある建物賃貸借など当事者間で長期にわたる契約関係が当初から予定されている場合に、仮に元本確定期日に係る規制が及ぶとすれば、賃料不払いがあってもその根保証債務は元本確定期日までに生じたものに限定されることになるなど、期間制限を採用することによる不都合を払しょくし切れないからとされている(注89)。

これに対し、特別解約権（事情変更の法理に基づく解除）は、相当期間経過後に賃借人の支払いが停滞し、将来においても改善の見込みがない場合など事情変更の原則が妥当する状況の下では、借地・借家の根保証についても認められる(注90)。

④　個人根保証契約の元本の確定事由

㋐　根保証一般に係る概観

㋐　任意解約権

一般に、根保証契約において期限を定めなかった場合には、締結後、相当の期間が経過した時点で一方的に保証契約を解約（将来に向かって契約を解消）することができると解されている（任意解約権）。この解約権が行使されると、相当の予告期間の経過とともに保証契約は終了することとなる(注91)。ただし、賃借人の債務の保証については、上記

（注89）部会議事録第80回2頁。

（注90）大判昭和8年4月6日民集12巻791頁、大判昭和14年4月12日民集18巻350頁。潮見II 763頁。

（注91）我妻472頁、潮見II 750頁、内田362頁、大判大正14年10月28日民集4巻656号、大判昭和7年12月17日民集11巻2334頁、大判昭和9年2月27日民集13巻215頁。

③のとおり、任意解約権の行使は必ずしも認められない。

なお、個人根保証に関し、保証期間の制限を定めた規定はないものの、貸金等根保証については元本確定期日についての規制（民法465条の3。前記②）があり、間接的に期間制限の機能を果たしている。

㋑　特別解約権

根保証契約一般につき、著しい事情変更や信頼関係の破たんが生じた場合には、いわゆる特別解約権の行使が認められている(注92)。根保証の種類を問わず、また保証期間の定めの有無を問わない。著しい事情変更としては、取締役たる保証人が退任した場合(注93)、信頼関係の破たんとしては、受託保証人が主たる債務者との信頼関係を失った場合(注94)などがある。上記㋐と異なり、通常は予告期間の経過を要件としないと解されている(注95)。

特別解約権は、これを行使した場合の法効果に着目して、元本確定請求権と呼ばれることもある。

(イ)　個人根保証における法定の元本確定事由

個人根保証については、元本確定事由が法定され、一層の保護が図られている。2004(平成16)年民法改正時に新設された旧来の民法465条の4は、個人貸金等根保証につき、主たる債務者又は保証人のいずれかに㋐金銭債権に係る強制執行等の手続開始、㋑破産手続開始、㋒死亡の事実が生じたときを類型的に元本確定事由と認め、個人根保証契約の元本の

(注92)　判例の対応については、第1の2（2）（21頁）参照。我妻472頁、旧注民（11）164頁、潮見Ⅱ750頁。
(注93)　大判大正16年5月23日民集20巻637頁。
(注94)　最判昭和39年12月18日民集18巻10号2179頁。
(注95)　潮見Ⅱ750頁・751頁注281。

確定事由としていた。これは、上記㋑の特別解約権発生事由を類型的に例示したもの(注96)とみることもできよう。

2017(平成29)年民法改正によって、保証人保護の範囲は、個人貸金等根保証以外の個人根保証契約に拡大した（前記(4)）。その結果、個人根保証契約の元本の確定事由は、以下に述べるとおり、やや複雑となっている。

㋐　個人根保証契約における主たる債務の元本確定事由（その1）

個人根保証契約において、主たる債務の元本は次の事由により確定する（民法465条の4）。

(a)　債権者が、保証人の財産について、金銭の支払いを目的とする債権についての強制執行又は担保権の実行を申し立てたとき（同条1項1号）。ただし、強制執行又は担保権の実行の手続の開始があったときに限る（同条1項本文但書）。

(b)　保証人が破産手続開始の決定を受けたとき（同条1項2号）。

(c)　主たる債務者又は保証人が死亡したとき（同項3号）。

当事者が合意により、これらとは異なる元本確定事由を定めた場合には、それが元本確定事由の法定されている趣旨すなわち根保証契約の保証人が負うこととなる責任の範囲を、経時的変化の面から画することにより、保証人の保護を図るという法の目的に反しない限り、その合意は有効

(注96)　類似の規定として、身元保証法3条各号。なお、同法4条は、特別解約権を明文化したものである（内田363頁）が、2017(平成29)年改正民法においては、裁判規範としての不明確性等の懸念があるため、特別解約権それ自体を明文化するには至らなかった。潮見Ⅱ752頁。

（片面的強行法規）であると解される(注97)。

㋑　個人貸金等根保証契約における主たる債務の元本確定事由（その2）

個人貸金等根保証契約における主たる債務の元本は、上記㋐の場合のほか、次に掲げる場合にも確定する（民法465条の4第2項）。

(a)　債権者が、主たる債務者の財産について、金銭の支払を目的とする債権についての強制執行又は担保権の実行を申し立てたとき。ただし、強制執行又は担保権の実行の手続の開始があったときに限る（同条2項1号・同項本文但書）。

(b)　主たる債務者が破産手続開始の決定を受けたとき（同条2項2号）。

㋒　法改正前後で法条を異にする理由

前記のとおり旧来（2004(平成16)年民法改正時以降)、個人貸金等根保証については、主たる債務者又は保証人のいずれかに（a）強制執行等の手続開始、(b）破産手続開始、(c）死亡の事実が生じたときを元本の確定事由とされていた（ただし、(a）については、強制執行又は担保権の実行の手続の開始があったときに限られる)。しかし、2017(平成29)年民法改正では、個人根保証一般の元本確定事由を定めるに当たり、主たる債務者の財産についての強制執行等の申立てあるいは主たる債務者が破産手続開始の決定を受けた場合を除外し、それらの事由はこれまでどおり貸金等根保証の固有の元本確定事由とするにとどめた（民法465条の4第1項・第2項比較参照)。なお、貸金等根保証以外の個人根保証として具体的に想定されるものと

(注97)　潮見Ⅱ759頁。

しては、賃貸借契約及び継続的売買契約の個人根保証がある。その場合、例えば賃貸借契約においては、主債務者たる借主について、強制執行手続や破産手続が開始されても、継続的貸付の場合と異なり、当然には契約当事者間の信頼関係が破たんされたことにはならないなどの理由により、借主が継続的に目的物を使用して賃料を負担し続けることが想定される（破産法53条、56条等参照）。また、継続的売買契約における主債務者たる買主の代金債務の保証についても、売主は商品供給義務を負うため継続し続けなければならない場合がある。それらの場合に、保証人がそのような債務を引き続き負担することになっても不都合ではないから、上記のとおり規律を異にしたと説明されている(注98)。

㊎　主たる債務者又は保証人が死亡したとき

個人根保証一般につき主たる債務者の死亡が元本確定事由とされているのは、個人根保証人が信頼し、主たる債務者としたのは被相続人であって、相続人にまで予定していないからである。また、保証人の死亡も全ての個人根保証につき元本確定事由となる。そのため、保証人の死亡の場合、元本の確定した保証債務が相続の対象となる（民法465条の4第1項3号）。

なお、保証人の死亡前に保証債務の金額が確定していたとき（すなわち、履行遅滞の状況にあったとき）は、通常の金銭債務として、相続の対象となる。

⑤　法人根保証における求償の制限

根保証契約の保証人が法人で、保証責任を果たした同法人が

（注98）部会資料83-1の19頁。　潮見Ⅱ760頁。

主たる債務者の個人保証人に対して求償する場合（個人求償保証等)、その個人保証人を保護しないと、個人根保証全般についての極度額の限定に関する上記（4）①（74頁）の規制及び個人貸金等根保証の元本確定期日に関する上記同②（78頁）の規制とのバランスを失し、脱法的に運用される恐れすら生じることとなる。そこで、以下の規制がされている（民法465条の5)(注99)。

(ア)　根保証契約の保証人が法人で、当該根保証に極度額の定め（民法465条の2第1項）がないときの、その根保証契約の法人保証人の主たる債務者に対する求償権にかかる債務を主たる債務とする個人保証契約は、㋐それが根保証でないとき（すなわち、元本が確定した法人保証債務の履行に基づく個人保証人への求償）は、効力を生じない（民法465条の5第1項・第3項)。実質的に、その個人求償保証は、上限のない保証債務となってしまうからである(注100)。その場合に個人求償保証の効力を維持したいときは、もとの根保証契約（法人保証）自体に債権者との間で極度額を約定しておく必要がある。これに対し、㋑それが根保証であるときは、その個人根保証それ自体に極度額の定めがあれば適法となる。その場合、もとの根保証（法人保証）自体に極度額の定めがある必要はない。その個人求償根保証の上限は、自身の極度額によって守られているからである。

(注99)　2017(平成29)年の民法改正により、465条の5第1項では、個人貸金等根保証の極度額規制に係る旧465条の5の適用対象が個人根保証全般に拡大されている。他方、個人貸金等根保証の元本確定期日の規制に係る旧465条の3の適用対象は拡大されなかった。そこで条文の表現振りは違っているものの、従来と同趣旨の定めが改正法465条の5第2項に置かれることとなった。

(イ) 根保証契約の保証人が法人で、主たる債務の範囲に貸金等根保証が含まれるものにおいて、㋐法人根保証契約において、元本確定期日の定めがないとき、又は㋑法人根保証契約において定められた元本確定期日が5年以内ルール違反（民法465条の3第1項該当の場合）若しくはその変更が効力を生じないとされる場合（民法465条の3第3項該当の場合）は、その根保証契約の保証人の主たる債務者に対する求償権に係る債務を主たる債務とする保証契約は、被求償者が個人保証人の場合、効力を生じない（民法465条の5第2項・第3項前段）。

主たる債務の範囲にその求償権に係る債務が含まれる根保証契約についても、同様に扱われる（同条3項後段）。

⑥ 事業に係る債務についての保証契約の特則

2017（平成29）年民法改正では、第3編第1章第3節第5款第3目として民法465条の6以下に「事業に係る債務についての保証契約の特則」を新設し、公正証書作成の必要がある場合についての要件を定めている。その詳細については、第2章及び第3章を参照されたい。

（注100） 当該個人求償保証人Y自身は、根保証ではないものの、求償保証により担保された債務が根保証より生じる債務である場合は、求償債務は主たる債務と同質のものであることから、結果的には求償保証人である個人が根保証人と同質の内容の求償債務を負担することになる。それゆえ、個人根保証人保護の趣旨に照らすとき、個人根保証と同じ規律に服させる必要があるためと説明されている。潮見II 761頁。

第2章

保証人保護の方策の拡充

第1　個人保証の保護

1　はじめに

保証人保護政策の変遷や2017(平成29)年民法改正の内容については、第1章第1及び第2で述べたとおりであるが、要約すれば、改正法（以下、本章では2017(平成29)年度民法改正による民法を、「2017(平成29)年改正民法」という場合がある。）においても、第三者保証を全面的に禁止する措置は講じないこととし、一方で、個人保証人がその不利益を十分自覚することなく、安易に保証契約を締結することを防止するために、事業のために負担した貸金等債務を保証する際には、原則として、公正証書（保証意思宣明公正証書）を作成しなければならないとしたものである(注1)。すなわち、個人保証については、①主たる債務が事業のために負担した貸金等債務である場合の保証や、②主たる債務の範囲に事業のために負担する貸金等債務が含まれる根保証の場合には、その保証契約締結に先立ち保証契約締結の日の前1か月以内に作成された公正証書で保証人になろうとする者が保証債務を履行する意思を表示していなければ保証契約は効力を生じないものとされた（民法465条の6第1項)。この保証債務に関する規定は、法施行日（2020(平成32)年3月1日）以降に締結される保証契約に適用される（附則21条1項、政令第309号)(注2)。

（注1）①事業性融資は、借入が多額になりがちであり経営者その他の個人が保証人となったためにその生活が破たんする例も少

なくないとされ、個人保証に依存しすぎない融資慣行の確立は我が国社会においてもきわめて重要なものであるが、他方、個人保証を全面的に禁止することは、特に信用力に乏しい中小企業の資金調達に支障を生じさせるおそれがある等の指摘が中小企業団体をはじめとする関係団体から強く寄せられていることなどを踏まえ、2017(平成29)年改正民法では両者の調整を図り、事業性の融資に関して公証人の意思確認手続を経ない保証契約を無効とするという強力なルールを設けることを前提に、このルールの適用対象を弊害が顕著である第三者保証に限定することにしたとの説明がされている（参議院法務委員会平成29年4月25日、同年5月16日政府委員説明・参院法務委議事録第9号2頁、17頁等、第12号1頁、8頁等）。

なお、「第三者保証」とは、「経営者保証」と対比されて称されるものであるが、改正民法の経営者保証（民法465条の9）と後記②の金融庁監督指針の経営者保証とは必ずしも一致していない（経営者保証については潮見Ⅱ 772頁以下参照）。

②銀行取引における「第三者保証の原則禁止」と「経営者保証に関するガイドライン」との関係

2017(平成29)年民法改正に先立って、金融庁を中心に金融機関を対象とする保証人保護方策の拡充施策が進められてきたことは第1章第1で述べたとおりである。2010(平成22)年12月22日公表の金融庁の「金融資本市場及び金融産業の活性化等のためのアクションプラン」において、経営者以外の第三者に個人連帯保証を求めないことが原則とされ、2011(平成23)年7月14日付金融庁監督指針により、事業性貸出しに関しては、経営者保証以外の第三者による個人保証が原則禁止とされた。さらに、閣議決定された「日本再興戦略」を具体化する施策として2014(平成26)年2月1日、「経営者保証に関するガイドライン」が施行され、「第三者保証の原則禁止」よりもさらに保証人保護を強化するツールとしての機能を果たしている。しかし、これらの方策には法的拘束力はなく、対象債権者が金融機関に限定されているなど保証人保護方策としては不十分であることから、上記のような審議過程を経て「事業に係る債務についての保証契約の特則」(民法第3編第1章第3節第5款第3目）が新設され、個人保証を制限することとされた。

（注２）保証債務の発生が法施行日以降であっても保証契約締結日が施行日前であれば旧法の適用を受けることになる。また、保証人になろうとする者は、法施行日前であっても民法465条の６第１項の公正証書の作成の嘱託をすることができ、公証人は公正証書の作成をすることができる（附則同条３項）が、保証契約締結前１か月以内に作成されることを要する。

2　事業のために負担した貸金等債務

「事業のために負担した貸金等債務」とは、借主（主たる債務者）が、自らの事業に用いるために負担した貸金等債務をいう。例えば、青果卸売業者が、青果物保存用施設を建築したり、青果物を購入するための資金を借り入れることにより負担した債務などが典型例である。この事業のために負担した貸金等債務に当たるか否かの判断基準時は貸付時であり、借主（主たる債務者）が、当該貸金等債務を負担した時点での貸付等の基礎となる事情により客観的に定まることになる。したがって、住宅購入資金として借り入れた資金を、金銭受領後事業用資金に流用したとしても、事業のために負担した借入となるものではなく、また、仮に借主において事業用資金として使用する意思を有していたとしても、その使途を事業目的以外のものとして借入申込みをし、貸主においても事業用資金でないものとして貸し付けたような場合は、それが現に事業用資金に使用されたとしても、事業用債務を負担したものということはできない。なお、事業とは、一定の目的をもってする同種の行為の反復的遂行をいうものとされ、営利という要素は必要がないと解されている（部会資料78 － A21頁・潮見Ⅱ 771頁）。

3　求償権に係る債務を主たる債務とする保証契約

民法465条の6第1項、第2項は、事業のために負担した貸金等債務を主たる債務とする保証契約又は主たる債務の範囲に事業のために負担する債務が含まれる根保証契約の保証人の主たる債務者に対する求償権に係る債務を主たる債務とする保証契約に準用され、また主たる債務の範囲にその求償権に係る債務が含まれる根保証契約も同様とされている（民法465条の8第1項）。

4　個人保証保護の例外（保護対象外となる個人保証）

保証人が個人であっても、①主たる債務者が法人である場合のその理事、取締役、執行役又はこれらに準ずる者、②主たる債務者の総株主の議決権の過半数を有する者など主たる債務者である法人と一定の支配関係等を有する者、③主たる債務者が株式会社以外の法人である場合の上記②に準ずる者及び④主たる債務者（法人である者を除く）と共同して事業を行う者又は主たる債務者（同）が行う事業に現に従事している主たる債務者の配偶者については、公正証書の作成と保証の効力に関する規定（民法465条の6ないし民法465条の8）の適用が除外されている。これらの者は、主たる債務者の事業の状況を把握することができる立場にあり、保証のリスクを十分に認識せずに保証契約を締結するおそれが類型的に低い者と考えられる。

5　契約締結時の情報提供

主たる債務者は、事業のために負担する債務を主たる債務とする保証や主たる債務の範囲に事業のためにする債務が含まれる根保証の委託をするときは、委託を受ける者（保証予定者）に、①主たる債務者の財産及び収支の状況、②主たる債務以外に負担している債務の有無並びにその額及び履行状況、③主たる債務の担保として他に提供し、又は提供しようとするものがあるときは、その旨及びその内容に関する情報を提供しなければならない（民法465条の10第1項）。これは、保証予定者が保証のリスクを検討するための資料として、主たる債務者の財産、収支の情報等を提供させようとするものである。情報の提供がなく、あるいは事実と異なる情報提供のために、保証予定者がその事項について誤認をし、それによって保証契約を締結した場合は、主たる債務者が情報を提供せず、あるいは事実と異なる情報を提供したことを、債権者が知り又は知り得たときは、保証人は保証契約を取り消すことができる（民法465条の10第2項）。これは、第三者による詐欺（民法96条2項）と同じ構造である。なお、事前の情報提供がなされていることは公正証書（保証意思宣明公正証書）作成の前提要件ではない（情報提供義務については保証契約締結後の情報提供義務を含めて、第1章第2の2（2）（44頁）、同3（2）（54頁）及び第3章第3（163頁）参照）。

第2　保証債務履行意思表示（保証意思宣明）公正証書

1　はじめに

2017（平成29）年の民法改正では、保証契約の特則として、事業のために負担した貸金等債務について保証人になろうとする個人が、保証契約の締結に先立ち、保証契約締結の日前1か月以内に作成された公正証書により、保証債務を履行する意思を表示していなければ、当該保証契約はその効力を生じないものとされた（民法465条の6第1項）。そして、その公正証書の作成方式については、保証契約の一定の内容について公証人に口授するものとされ、公正証書遺言の方式（民法969条）に準じたものとされている（民法465条の6第2項）。なお、保証人となる者が法人であったり、主たる債務者の役員その他主たる債務者と一定の関係のある個人の場合には、この特則は適用されないことは前述のとおりである（民法465条の9）。このような規定の新設は、保証人が、その法律効果を十分理解しないまま安易に保証契約を締結し、主たる債務者の支払不能などにより予想を超える過大な責任追及を受け生活が破たんするなど過酷な状況に置かれた事例が相当数存在するといわれていることから、そのような事態を抑制する目的でされたものである(注3)。さらに今回の民法改正では、主たる債務者に対し、保証人となる者に対し、保証人となることによるリスクの判断資料として、主たる債務者の財産及び収支の状況等に関する情報の提供義務を新設し、これにより保証による具体的な不利益の判断を慎重に行えるようにしている（民法465条の10）。

このように2017（平成29）年改正民法は、主たる債務者に債務者の財産及び収支等に関する情報提供義務を新設することにより、保証人となる者に保証債務を負うことにより直面し得る具体的な不利益（保証のリスク）の判断を慎重にさせる機会を与えるとともに、保証契約の前提として、私権に関する法律行為の公証の役目をになう公証人（公証人法１条）が保証予定者と直接面接した上、保証債務の履行意思の表示を公正証書として作成することを保証契約の有効要件とすることにより保証人の保護を図ったものといえる。したがって、この制度においては公証人の果たす役割はきわめて重要であり、公証人の保証意思確認が適切に行われなければ、この制度の実効性は期しがたい。そこで、本項は、主として公証人としての保証意思確認の在り方、有り様を中心として構成することとする（注4）。

（注３） 保証人が個人である場合は、保証契約は公正証書による保証意思確認がなされていなければ効力を生じないとされたのは、保証契約における個人保証の情誼性（個人保証人が義理と人情により保証を断り切れず引き受けざるを得ない地位におかれるという性質）、未必性（保証契約を締結する時点では個人保証人が保証債務の履行を求められることが確定していない性質）及び軽率性（保証契約を締結するリスクについて合理的に判断をすることが個人保証人には困難である性質）が考慮された結果であるとされているが、裁判官や調停委員が関与して成立する裁判上の和解や調停の際に個人保証がされる場合であってもその例外ではないとされている（潮見Ⅱ 775頁）。

（注４） その意味で、本項は前章とは記述の観点、体裁をやや異にする。本項では、公証人の果たすべき役割を中心として保証意思確認の実践的、具体的な方策等についても提言を含めた論点を記述し、関係者の参考に供しようとするものである。

2　保証意思宣明公正証書の法的性質

(1)　民法465条の6第1項は、事業のために負担した貸金等債務を主たる債務とする保証契約又は主たる債務の範囲に事業のために負担する貸金等債務が含まれる根保証契約は、その契約締結に先立ち、その締結の日前1か月以内に作成された公正証書で保証人になろうとする者が保証債務を履行する意思を表示していなければ、その効力を生じないとしている。条文上は、保証人になろうとする者の「保証債務を履行する意思」の表示とされているところ、「保証意思」とその「履行意思」とは区別することは可能であるが、1月以内に保証契約が締結されることが予定されている公正証書作成の段階では保証意思があることも当然に確認することが必要になるから(注5)、以下履行の意思を含めて保証意思の文言を用いることとする。そして、本条による公正証書については国会における審議においても「保証意思宣明公正証書」とされており、本項でも「保証意思宣明公正証書」という。

(2)　公証人は、自らが五感の作用により直接体験した私権に関する事実について公正証書を作成することができる（公証人法35条）。このような法律行為以外の私権に関する事実について作成する公正証書は、事実実験公正証書といわれている。保証意思宣明公正証書も、保証人になろうとする者が保証債務を履行する意思を表示したことを公証人が認識し、これを記載するものであるから、延命措置の差控え、中止等の宣言を公証人が聞き取って作成する「尊厳死宣言公正証書」と同様の事実実験公正証書と解することも可能である。この場合は、公証人が保証人になろうとする者の保証意思をどのように認識したかは問題とならず、保証人になろうとする者の口授する内容を認識した事実として記載することになる。したがって、保証意思を有していないと認められる場合にも嘱託を拒否することはできず、公証人が認識した事実、すなわち保証意思を有しない趣旨の口授内容をそのまま記載して公正証書を作成することになる。

しかし、民法465条の6は、個人的情誼などから保証のリスクを十分自覚せずに安易に保証契約を締結することを防止するための規定であり、その趣旨からすれば、公証人には、保証人になろうとする者の口授を機械的に記録することではなく、その口授等を通じて、同人が保証しようとしている主たる債務の具体的内容を認識していることや保証のリスクを認識していること等を確認した上で、保証意思宣明公正証書を作成することが予定されているものである。したがって、保証意思が確認できない場合は、公正証書の作成を拒否しなければならない（公証人法26条、同法施行規則13条参照）。そして、保証意思の表明はそれ自体が法律行為とはいえないが、保証契約の効力要件を構成するものとされており（民法465条の6第1項）、保証契約締結の前提となる準備行為というべきものであるから、法律行為に関する公正証書に準ずる公正証書ということができる。この場合の手数料(注6)は、算定不能に係る公正証書と同様一律1万1,000円であるとされている（平成29年5月16日参議院法務委員会における政府委員説明、参院法務委議事録第12号12頁）。

（注5）公正証書は、嘱託人の嘱託に基づいて作成されるものであり、民法465条の6の公正証書も「保証人となろうとする者」の

嘱託に基づき作成される。したがって、保証人となろうとする者が保証意思をおよそ有しないということは通常は考えがたいところであるが、公証人としては、保証意思宣明公正証書作成に際しては「保証債務を履行する意思」の確認をする必要があり、その際には主たる債務の内容や保証に伴うリスクの認識などについて確認することになるから、これらを踏まえた上での保証意思についての再確認を要することにならざるを得ない。なお、公証人は保証することの可否等について法律相談を受ける立場にはなく、また受けることはできない（弁護士法72条参照）。

（注６）保証意思宣明公正証書は、法律行為に関する公正証書に準ずるものであるから、その手数料は法律行為に係る公正証書に準じて算出することになるが、この公正証書は、保証債務を履行する意思を表示して保証契約を有効に締結するために、すなわち民法上の要件充足のために作成されるものであるから、その行為の経済的価格を独立して算定することはできない。その目的の価額は一律に算定不能として手数料を算定することになる（公証人手数料令９条、16条本文参照）。なお、上述の事実実験公正証書の手数料は、原則として事実の実験並びにその録取及びその実験の方法の記載に要した時間の１時間までごとに１万1,000円となる（公証人手数料令26条）。

（参照条文）

公証人法26条　公証人ハ法令ニ違反シタル事項、無効ノ法律行為及行為能力ノ制限ニ因リテ取消スコトヲ得ヘキ法律行為ニ付証書ヲ作成スルコトヲ得ス

公証人法施行規則13条1項　公証人は、法律行為につき公正証書を作成し、又は認証を与える場合に、その法律行為が有効であるかどうか、当事者が相当の考慮をしたかどうか又はその法律行為をする能力があるかどうかについて疑があるときは、関係人に注意をし、且つ、その者に必要な説明をさせなければならない（2項省略）。

3　保証意思宣明公正証書作成が必要とされる類型

(1)　事業のために負担した貸金等債務

保証意思宣明公正証書の作成がなければ、後に締結される保証契約は効力を生じないとされるのは「事業のために負担した貸金等債務」を主たる債務とする保証契約又は「主たる債務の範囲に事業のために負担する貸金等債務」が含まれる根保証契約（民法465条6第1項）であるが(注7)、主たる債務者が法人の場合の①主たる債務者の理事、取締役、執行役又はこれらに準ずる者(注8)、②主たる債務者の総株主の議決権（議決権を有しない株式の議決権を除く）の過半数を有する者、主たる債務者の総株主の議決権の過半数を他の株式会社が有する場合における当該他の株式会社の総株主の議決権の過半数を有する者など主たる債務者たる法人と一定の関係を有する者、③株式会社以外の法人が主たる債務者である場合における上記②に準ずる者及び主たる債務者が法人以外の場合の(ア)主たる債務者と共同して事業を行う者又は(イ)主たる債務者が行う事業に現に従事している主たる債務者の配偶者については適用が除外されている(民法465条の9)。

上記(イ)の個人事業者の配偶者については、立法過程では、中小企業団体や金融機関側からの配偶者については経営者との経済的一体性や経営の規律付けの観点から保証人となることに合理性があり、現実にも配偶者が保証人となる事例が少なくないなどの意見も踏まえ、意思確認の対象外とすべき配偶者について、法人である事業者の代表者等の配偶者を含まないこととし、個人事業者の配偶者で、かつ、主たる債務者が行う事業に現に従事している者に限定して適用除外とされたものである。共同して事業を行う者に加えて現に事業に従事している配偶者が規定された実質的理由は、事業に供した個人の財産及び個人が得た利益はその配偶者とともに形成した夫婦の共同財産と評価され得るものであること、配偶者が当該事業に現に従事している場合は財産や労務を事業に投下し、他方で利益の配分を受けているという点で、実質的には個人事業主と共同で事業を行っているのと類似した状態にあると評価できること、そうすると現に事業に従事している配偶者は、その個人事業主の事業の成否に強い利害関係を有し、その状況を把握することができることにあると説明されている（平成29年4月25日(注9)、同年5月25日参議院法務委員会における政府委員説明)。したがって、事業に現に従事しているとは、個人事業主が行う事業に実質的に従事していることが必要である。さしあたりは、確定申告書の「専従者給与欄」などで確認することになろうが、実体が伴っていることが必要である(注10)。

（注７）保証の代替手段として締結される場合があるとされる連帯債務、併存的債務引受、損害填補（担保）契約などに民法465条6等の準用（類推適用）がされるか否かについては、当該連帯保証契約の意思表示や併存的債務引受契約の効力を巡って問題になろうが、公正証書は作成嘱託がなければ作成されることはないのであるから、保証意思宣明公正証書作成の段階でこの問題が表面化することはほとんどないであろう。もっとも、このような併存的債務引受契約を本体とする保証意思宣明公正証書作成の嘱託があった場合には、公証人においてもその嘱託に応じて公正証書を作成して差し支えないであろう。この点については、後記５（7）（128頁）参照。

（注８）「これらに準ずる者」については、名称の如何を問わず、理事、取締役などと同様に法律上法人の重要な業務執行を決定する機関又はその構成員に位置づけられている者を指し、例えば、

宗教法人における責任役員とか持分会社において業務執行役員が定められている場合における業務執行役員等がこれに当たると解される（平成29年4月25日参議院法務委員会における政府委員説明（参院法務委議事録第9号2頁）。なお、法制審議会民法（債権関係）部会における議論の経緯について潮見II 773頁注335参照）。

（注9）参院法務委議事録第9号2頁。

（注10）「事業に現に従事している配偶者」は、文言どおり法律上の配偶者を指し、事実上の配偶者は含まれない。また、上記のとおり現に事業に従事している配偶者は保証人とすることに一定の必要性・合理性が認められることから、「共同して事業を行う者」と並んで規定されたものである（平成29年4月25日参議院法務委員会における政府委員説明。部会資料78－A21頁）が、潮見I 774頁注337は、共同して事業する者に当たらないが、「主たる債務者が行う事業に現に従事している」配偶者が個人保証をするのは、情誼性が典型的に認められる場合であるから、このような人的類型を設けたことは立法論として疑義があり、解釈論としては、主たる債務者が行う事業に現に従事している配偶者とは、本文（1）の主たる債務者が法人である場合の①、②、③及び主たる債務者が個人である場合の(ア)に該当する者と実質的に同視すべき者に限られるべきであるとしている。

（2）貸金等債務の保証に係る求償権保証における個人保証

①　求償権保証の個人保証

事業のために負担した貸金等債務を主たる債務とする保証契約や主たる債務の範囲に事業のために負担する貸金等債務が含まれる根保証契約から生じる保証人の主たる債務者に対する求償権を担保するために個人保証がされる場合にも民法465条の

6第1項、第2項が準用され、また主たる債務の範囲にその求償権に係る債務が含まれる場合も同様である（民法465条の8第1項）。

②　法人が保証人である根保証契約（法人根保証契約）における法人保証人の求償権の個人保証について

個人根保証について、2004(平成16)年改正民法では、主たる債務の範囲に貸金等が含まれる根保証においては極度額の定めがなければその効力を生じないとしていた（旧民法465条の2）が、2017(平成29)年改正民法では、主債務の種別を問わず、保証人が個人である根保証一般について極度額の定めがなければその効力を生じないものとされた（民法465条の2第1項、第2項）。しかし、保証人が法人である根保証については極度額の定めがなくても、効力は生ずることとしている（同条第1項、2項）。そこで、念のため極度額の定めのない法人根保証人の求償権に対する個人保証について若干補足する。

(ア)　法人根保証人の求償権に対する個人保証が根保証でない場合（民法465条の5第1項）

法人保証人が根保証債務を履行することにより取得する求償権について個人が保証する場合は、極度額の定めがないと法人保証人が負う保証債務の範囲の拡大に伴いその履行により法人保証人が取得する求償権の範囲も制限なく拡大し、その求償権の履行を担保する個人保証人の負担も増大することになる。そこで、法人根保証契約においては、上記のとおり極度額の定めがなくても根保証契約は無効とされないが、極度額の定めのない法人根保証契約の法人保証人が主たる債務者に対して有する求償権に対する個人保証契約はその効力を生じないものとされている（民法465条の5第1項）。したがって、個人求償保証が効力を有するためには元の法人根保証契約に極度額の定めがなければならない。これは、個人根保証契約に極度額の定めを要するとした個人根保証と同じ規律に服させるとしたものである。

(イ) 法人根保証人の求償権に対する個人保証が根保証の場合

法人根保証契約においてその法人保証人が保証債務を履行して主たる債務者に対して取得する求償権についての個人保証が、根保証であるときは、その根保証契約において極度額を定めることを要し、極度額の定めがないときは、その効力を生じない（民法465条の2第2項）。このように、求償権根保証に極度額の定めがあれば、元の法人根保証契約に極度額の定めがなくても無効にならない（個人が保証する根保証契約において極度額が定められていれば、個人保証人が予想を超える過大な責任を負うことは一応防止されていることによる。）。

(ウ) 法人根保証契約において貸金債務が含まれている場合

法人根保証契約において、その根保証契約の対象となる債務に貸金等債務が含まれる場合には、法人保証人の主たる債務者に対する求償権についての個人保証は、法人根保証契約において、㋐元本確定期日の定めのないとき、㋑定められた元本確定期日が根保証契約を締結した日から5年以内でないか（民法465条の3第1項）、若しくは元本確定期日の変更要件を満たさない変更期日の定めがされたとき（同条3項）は、その効力を有しない（民法465条の5第2項）。

４　保証意思宣明公正証書の作成嘱託を受けたが民法465条の６等に基づき公正証書の作成が必要とされる場合か否かについて疑義がある場合の処理について

(1)　総　　論

保証意思宣明公正証書作成の嘱託を受けた場合に、公証人において、民法465条の６に基づいて公正証書を作成すべき場合に当たるか否かについての判断が一義的にできないときであっても、公証人は、そのことを理由に嘱託を拒否することはできない。

公証人において、保証意思宣明公正証書の作成が必要とされる場合に当たるか否かを確認する義務を定めた規定はないし、保証予定者がこれらの判断に必要な資料、情報を公証人に伝えるべきことを定めた規定もない。後記のとおり作成を必要とするか否かの判断が微妙な場合があり得るが、その判断をするために公証人が主たる債務者の事業の内容や貸金の使途、配偶者の具体的勤務状況（現に事業に従事しているか否か）について調査する権限はなく、その当否を検討することは事実上困難であり、その該当性判断の義務があるとまで解することはできない。公証人は、正当な事由のない限り嘱託を拒むことはできないのであり（公証人法３条）、保証予定者から保証意思宣明公正証書の作成の嘱託を受けた場合は、それが明らかに不必要な場合（例えば保証予定者が法人であるような場合）を除けば、嘱託人の判断を尊重して嘱託に応じるのが相当である[注11]。公証人の独自の判断により作成不要として嘱託を拒否したが、後に締結する保証契約が保証意思宣明公正証書の作成がないとしてその効力が否定されるような事態は避けなければならない。

（注 11）保証意思宣明公正証書の作成が必要のないことが明らかであり、公証人においてその旨説明しても、嘱託人が嘱託を維持するような場合は、公証人としては、公正証書の表題はともかく実質的には事実実験公正証書として作成に応じることになろう。

(2) 事業のために負担した貸金等債務該当性

保証意思宣明公正証書については、民法465条の6第1項は「事業のために負担した貸金等債務」について作成を要するものとしている。この事業のために負担した貸金等の債務とは、既述のとおり借主（主たる債務者）が自らの事業に用いるために負担した貸金等債務であり、事業とは、一定の目的を持った同種の行為の反復継続的遂行をいい、営利性は必要がないとされている(注 12)。この事業のために負担した貸金等債務か否かについては、借主がその貸金等債務を事業のために負担した時点（貸付時）を基準として客観的に判断されるものである。したがって、借入後、実際にその資金が事業のために用いられたかどうかはその判断を左右しないし、借主が実際には事業に用いることを意図していたとしても、事業以外の目的をその使途であるとして借入申込みをし、貸主においても事業資金でないものと認識して貸し付けたような場合において現にその資金が事業の用に使用されても、借主が事業のための債務を負担したとはいえない。

このように事業のための貸金等債務か否かは、貸付等の基礎となる事情に基づいて貸付時を基準として客観的に定まるものであるから、公証人において、事業のために負担する貸金等債務の該当性について疑義を抱いたとしても、それを理由に嘱託を拒否することは相当ではないし、その該当性についての保証予定者の認識自体は口授の対象でもないから、ことさら貸主や借主の貸付金の使途についての認識を究明する必要もないであろう。

（注12）例えば、主たる債務者の債務が居住用住宅ローンの場合は、単発借入であり、事業のための借入に該当しないが、不動産投資ローン（アパートローン）の場合は問題がある（金融機関の行うアパートローンでは、借主の推定相続人全員が保証人になる場合が多いと思われる）。借主が賃貸用不動産を建築したり、購入した上で、同不動産を複数人に賃貸するような場合は、同種行為の反復継続性が認められることになると思われる。しかし、単に相続対策を目的として小規模のアパートローンを借り入れた場合にも一律に公正証書作成を要するとする解釈運用は疑問であるとする見解もある（名藤朝気ほか「保証に関する民法改正と金融機関の実務対応」金法2019号44頁）。なお、税務当局は不動産貸付が事業として行われているかの判定基準として「建物の貸付については、次のいずれかの基準に当てはまれば、原則として事業として行われているものとして取り扱われます。(1) 貸間、アパート等については、貸与することのできる独立した室数がおおむね10室以上であること。(2) 独立家屋の貸付については、おおむね5棟以上であること。」（国税庁ホームページ。平成30年4月25日時点）としている。

(3)　事業に現に従事している配偶者該当性

主たる債務者が行う事業に現に従事している配偶者（民法465条の9第3号）とは、前述（前記3 (1)（98頁））のとおり主たる債務者が行う事業に保証契約締結時点で現に従事していることをいうとされるが、これは事業に現に従事することによりその個人事業主の事業の成否に強い利害関係を有し、その状況を把握することができることを実質的な根拠とするから、その従事する業務に特段の制限はないが、税務会計書類の上で形式的に従業員として扱われているだけでは直ちに該当するということはできない。公証人としては、適用対象外の配偶者であるか否かの判断については対象外配偶者であることが明白な場合はともかく、嘱託人の判断を尊重して嘱託に応ずるのが相当である。

5　保証意思宣明公正証書の作成

(1)　作成手順

保証意思宣明公正証書の作成方式は民法465条の6第2項に定められているが、概ね公正証書遺言の作成手順（民法969条）と同様であり、以下のような手順となろう。各手順における留意点については、(3)（112頁）以下で述べる。

① 保証人となろうとする者（以下、「保証予定者」という。）は、公証人に対し保証意思宣明公正証書の作成を依頼（嘱託）し、保証契約締結予定日の前1か月以内の日を作成日と定め、その間に保証契約に関する資料(注13)を公証人に送付するなどして公証人と打合わせをし、決められた日時に公証役場に赴く。

② 保証予定者(注14)は、公証人に対し、主たる債務の内容など法定された事項（民法465条の6第2項1号）を公証人に口授（口頭で申述）することにより、保証意思を宣明する。保証予定者が、口がきけない者である場合には、通訳人の通訳により申述し、又は自署して、口授に代えることができる（民法465条の7第1項）。

このように、保証意思宣明公正証書は、保証予定者が公証人の面前で口授することが必須要件であるから、代理人によって作成を嘱託することはできない。したがって、保証予定者本人が公証役場に出頭することが困難であることが医師の診断書等により確認できる場合には、公証人が病院等に出向いて本人からの口授を受け作成することができると解される(注15)。

③　公証人は、保証予定者の口授を聞き、保証予定者がその述べている内容を真に理解しているかどうか、保証人になることについてのリスク等についても相当の考慮をしているかどうかなどを確認し、この点に疑義がある場合はさらに説明を求めるなどして(注16)、保証意思のあることを確認する。

④　公証人は、嘱託を拒否すべき事由がない場合は、保証予定者が述べた内容を記載し、これを保証予定者に読み聞かせ、又は閲覧させる（民法465条の６第２項２号）(注17)。保証予定者が耳が聞こえない者である場合は、公証人は、筆記した内容を通訳人の通訳により保証予定者に伝えて、読み聞かせに代えることができる（民法465条の７第２項）。

⑤　保証予定者は、公証人が証書に記載した内容が正確なことを承認して署名押印し、公証人は、その証書が法定の方式に従って作成したものである旨を付記して、これに署名押印する（民法465条の６第２項３号本文、４号）。保証予定者が署名できないときは、公証人がその事由を付記して署名に代えることができる（同条第２項３号但書）(注18)。

（注13）ここでの資料は、主たる債務者から情報提供を受けたものが中心となろう。民法465条の10は、主たる債務者が保証を委託するときは、主たる債務者の財産及び収支の状況等の情報を保証予定者に提供しなければならないとしており、これは保証予定者に対し保証契約のリスク等を検討するための情

報を認識させようとするものであるから、公証人は、提供を受けている情報がどのようなものであるかを確認するのが相当であり、情報提供を受けていないときは情報提供を受けるよう促すのが相当である。

（注14）①成年被後見人…成年後見人が成年被後見人を保証人とする保証契約を締結する場合においても、保証意思宣明公正証書作成のために口授をするのは保証人となろうとする成年被後見人である。成年被後見人は、事理を弁識する能力を欠く常況にある者であるから（民法7条)、通常は、保証意思を有しているとは認められないであろう。その場合は、公証人は保証意思宣明公正証書の作成嘱託を拒否することになる。なお、遺言については、成年被後見人が事理を弁識する能力を一時回復したときにおいて遺言をするには、医師2人以上の立会いがなければならない（民法973条1項）とされているが、保証意思宣明公正証書の場合にはこのような規定はなく、理論上は一時的に事理を弁識する能力が回復していれば保証意思宣明公正証書の作成を嘱託することは可能である。しかし、保証意思宣明公正証書は将来保証契約を締結することを予定しているものであるから、その保証契約が有効に締結できなければ公正証書を作成する実益はない。

②被保佐人…精神上の障害により事理を弁識する能力が著しく不十分であり家庭裁判所の保佐開始審判を受けた被保佐人が保証契約を締結するには保佐人の同意を要する（民法13条1項2号）が、保証意思宣明公正証書の作成嘱託については家庭裁判所の審判がない限り保佐人の同意を要しないものと解される。しかし、上記のとおり保証契約の締結には保佐人の同意を要するのであるから、公証人としては保証意思宣明公正証書の作成についても保佐人の意向を確認しておくことが相当であろう。

（注15）公証人法18条2項は、「公証人ハ役場ニ於テ其ノ職務ヲ行フコトヲ要ス但シ事件ノ性質カ之ヲ許ササル場合又ハ法令ニ別段ノ定メアル場合ハ此ノ限ニ在ラス」として、一定の場合は公証役場外でも職務を行うことができるとしている。とこ

ろで、公証人法57条は、公正証書遺言については、同法18条２項は適用しないとしているが、現在のところ2017（平成29）年民法改正を受けての公証人法の改正はない。しかし、保証意思宣明公正証書は、保証予定者が公証人の面前で口授することが必須要件であるから「事件ノ性質カ之ヲ許サザル場合」に該当する。病気等の理由のほか保証予定者が業務多忙等の理由でも、真に公証役場へ出向くことが困難である合理的事情があれば、公証役場への出頭ができない場合に含まれると解してよいと思われる。もっとも、作成場所は、保証予定者の自由な意思の表明が確保できる場所でなければならないことに留意する必要があり、債権者の住所地、事務所などは原則的に不適当であろう。

（注16）公証人は、法律行為について公正証書を作成する場合に、その当該法律行為が有効であるか、相当の考慮をしたかどうか又はその法律行為をする能力があるかについて疑いがあるときは、関係人に注意をし、かつ、その者に必要な説明をさせなければならない（公証人法施行規則13条１項）。すでに述べたとおり保証意思宣明公正証書による履行意思の表示は、保証契約という法律行為そのものではないが、その準備行為としてなされるものであるから法律行為に準ずるものとして同様に取り扱われることになる。

（注17）保証意思宣明公正証書の方式に関する民法465条の６第２項１号、２号は「公証人が保証人になろうとする者の口述を筆記し、これを保証人になろうとする者に読み聞かせ又は閲覧させること」としているところ、公正証書遺言の方式に関する民法969条２号、３号は、「遺言者が遺言の趣旨を公証人に口授すること」、「公証人が遺言者の口述を筆記し、これを遺言者及び証人に読み聞かせ又は閲覧させること」と同様の規律をしているが、公正証書遺言の方式については、口授と筆記、読み聞かせ等が前後しても違法ではなく（大判昭和６年11月27日民集10巻1125頁）、また最判昭和43年12月20日民集22巻13号3017頁は、公証人が予め他人から聴取した遺言の内容を筆記し、公正証書用紙に清書した上、その内容を遺言者に読み聞かせたところ、遺言者が右遺

言の内容と同趣旨を口授し、これを承認して右書面に自ら署名押印した時は、公正証書による遺言の方式に反しない旨を判示しており、保証意思宣明公正証書についても妥当するものと考えられる。

（注18）公正証書遺言にも同旨の規定（民法969条4号但書）があるが、署名できない事由の記載については、「病気のため」、「手が不自由のため」等最小限の記載で足り、病名を具体的に記載する必要はないと解されている。民法465条の6第2項3号但書についても同様に解される。なお、この場合、公証人法39条4項は「列席者ニシテ署名スルコト能ワサル者アルトキハ其ノ旨ヲ証書ニ記載シ公証人之ニ捺印スルコトヲ要ス」としており、公証人がその旨を付記して職印を押すことになるが、公正証書遺言における公証実務では、先例（明治42年8月20日民刑事局長回答）に従い、上記付記のほかに公証人が遺言者の氏名を代書する取扱いが行われている。

(2) 保証予定者の口授すべき事項（公証人が保証予定者から口授を受けるべき事項）

保証予定者が口授すべき事項は、民法465条の6第2項1号イ及びロに規定するとおりである。保証予定者に口授させる趣旨は、保証予定者自身による口授を通じてその保証意思を自ら表明させるところにあり、一方、公証人においても、保証意思確認に際しては、保証予定者が保証しようとしている主たる債務の具体的内容を認識しているかどうか、保証債務を負担すれば主たる債務が履行されなければ自らが保証債務を履行しなければならないことなど保証債務を負担することにより直面し得る具体的な不利益（保証のリスク）を理解しているか、そのようなことにも相当の考慮をした上で保証契約を締結しようとしているのかを見極め、確認することが期待されているものである（平成29年5月16日参議院法務委員会における政府委員説明参照。なお、公証人法施行規則13条)。

そこで、以下は、主として公証人として口授を受けるべき事項という観点から検討する。

公証人が保証予定者から口授を受けるべき事項は次のとおりである（民法465条の6第2項)。

①　保証契約

(ア)　主たる債務の債権者及び債務者

(イ)　主たる債務の元本

(ウ)　主たる債務に関する利息、違約金、損害賠償その他その債務に従たる全てのものの定めの有無及びその内容

(エ)　主たる債務者がその債務を履行しないときには、その債務の全額について履行する意思を有していること

(オ)（連帯保証の場合）保証予定者が連帯保証債務負担予定者である場合には、債務者が主たる債務者に対して催告をしたかどうか、主たる債務者がその債務を履行することができるかどうか、又は、他に保証人があるかどうかにかかわらず、その全額について履行する意思を有していること

②　根保証契約

(ア)　主たる債務の債権者及び債務者

(イ)　主たる債務の範囲

(ウ)　根保証契約における極度額

(エ)　元本確定日の定めの有無及びその内容

(オ)　主たる債務者がその債務を履行しないときには、極度額の限度において、元本確定期日又は民法465条の4第1項各号若しくは第2項各号に掲げる事由その他の元本を確定すべき事由が生ずる時までに生ずべき主たる債務の元本及び主たる債務に関する利息、違約金、損害賠償その他その債務に従

たる全てのものの全額について履行する意思を有していること

(カ) （連帯根保証の場合）保証予定者が連帯根保証債務負担予定者である場合には、債権者が主たる債務者に対して催告したかどうか、主たる債務者がその債務を履行することができるかどうか、又は、他に保証人があるかどうかにかかわらず、その全額について履行する意思を有していること

(3) 公証人が口授を受ける事項等について留意すべき事項

① 口授の方法について

保証予定者の口授は、公証人に対して、直接口頭でなされることを要する。保証予定者が法定の口授事項その他重要と思われる事項について公証人に対し、順次口頭で述べることになる。公証人が口授事項を漏れなく確認するためには、公証人において法定口授事項を含む必要と思われる口授事項について、各項目について順次質問し、保証予定者がこれに口頭で答えるという方法が確実であろう。その際、事前に口授事項等を記載した質問事項書面（第３章第３（163頁）記載の参考文例参照）を作成し保証予定者に交付しておけば、保証予定者において口授事項等について公正証書作成日までの間にさらに検討、熟慮する時間の余裕ができることに加え、公正証書作成当日の時間が効率的に活用できる点でも有益である。また、保証予定者が、正確を期するため、あるいは記憶喚起のため予め必要事項を記載した書面やメモ類を見ながら質問に答えることも許されるであろう。保証意思宣明公正証書において口授が要求されるのは、保証予定者の認識、真意を確認しその正確を期すためのもので

あるから、保証予定者はメモに基づいて朗読したり、作成した書面のとおりとして書面を交付した場合でも、それに基づく質疑応答などにより保証意思の確認がなされるのなら方式に違反するということにはならないであろう（なお、この場合でも、保証意思宣明公正証書には、口授事項は別紙のとおりとする提出書面の一括引用方式は避けるのが賢明であり、少なくとも法定口授事項を記載した上、その余の事項について個別事案の特性や必要性の度合いに応じて書面を引用するのが相当であろう）。

ところで、民法465条の6第2項の公証人が口述を筆記し、これを読み聞かせ又は閲覧させるとの規定は、公証人の面前での口述に基づきこれを筆記するのを原則としているが、公正証書作成予定日に、その場で初めて口授を受けそれを逐一筆記し保証意思確認作業を重ねていたのでは、公正証書作成に多くの時間を要することとなり、嘱託人にとっても、公証人にとっても好ましいことではない。公正証書作成当日までの事前手続（上記（1）①（106頁））において得られた事前情報に基づいて保証内容について具体的にある程度固めることができていれば、保証意思宣明公正証書の案文を予め用意し、これを保証予定者に事前交付することが考慮されるべきである。そうすれば、公正証書作成当日における証書作成に要する時間が合理的に短縮できるし、保証予定者においても証書作成日当日までに再度その内容で保証することについての考慮期間ができるという意味においても、文案を事前に交付しておくことは有益であり、実践的でもある。もとより、その場合でも公正証書案に記載されている口授事項については逐一確認作業を要することは当然である。なお、保証意思宣明公正証書と同趣旨の規定をしている公正証書遺言の方式について、公証人が予め他人から遺言の趣旨を聴いてこれを筆記した書面を作成し、その後遺言者から口授を受け、それが書面の趣旨と一致することを確かめてから、これを遺言者及び証人に読み聞かせて作成した場合において、判例（前掲大判昭和6年11月27日、同趣旨最判昭和43年12月20日）は、口授と筆記が前後したとしても、民法（969条3項）が遺言者の真意を確保し正確を期するため遺言の方式を定めた趣旨に背馳するものではなく、同条が「遺言者の口授を筆記した」とあるのはこの場合をも包含するとしている（(1)の④（注17）（109頁）参照）。

② 主たる債務の債権者及び債務者について

主たる債務の債権者及び債務者は、保証債務の根幹をなすものであり、保証予定者が、口授に際して、債権者及び債務者が誰であるかを明確に認識していることが必要である。通常、当事者の特定は、氏名又は名称（法人の場合）のほか住所（本店所在地）、職業、生年月日などで特定されるから、債権者や主たる債務者を認識していることの確認のためには氏名又は名称のみではなく、原則として職業、住所、生年月日等の事項を合わせて口授の対象になっていると解するのが相当である。もっとも、保証予定者が、債権者や主たる債務者の職業、住所、生年月日を正確に認識しているとは限らないこともあり得るが、住所の正確な地番や生年月日の詳細の全てを口授できなくても、氏名その他の情報を総合的に判断して債権者、主たる債務者の特定に欠けることがなければ、口授に欠けるということにはならない。万一、特定性に疑問が残ると判断される場合は、保証意思宣明公正証書の作成を延期し、資料の補充等を待ってさらに確認することになろう。なお、公証人が、公正証書を作成するには、嘱託人である保証予定者の氏名を知り、かつ、その者と面識あることが必要であり（公証人法28条1項）、嘱託人の氏名を知らず又は面識のないときは、印鑑証明書（印鑑登録証明書）の提出その他これに準ずる確実な方法により、人違いでないことを証明させなければならない（同条２項）。公証人が嘱託人（保証予定者）と面識があることは稀であろうから、多くの場合は印鑑登録証明書と実印あるいは顔写真入りの公的証明書（マイナンバーカード、運転免許証、パスポートなど）の提出や提示を受けて嘱託人が人違いでないことを確認することになる。

（参照条文）

公証人法 28 条　公証人証書ヲ作成スルニハ嘱託人ノ氏名ヲ知リ且之ト面識アルコトヲ要ス

2　公証人嘱託人ノ氏名ヲ知ラス又ハ之ト面識ナキトキハ官公署ノ作成シタル印鑑証明書ノ提出其ノ他之ニ準スヘキ確実ナル方法ニ依リ其ノ人違ナキコトヲ証明セシムルコトヲ要ス

3　急迫ナル場合ニ於テ公証人証書ヲ作成スルトキハ前項ノ手続ハ証書ヲ作成シタル後三日内ニ証書ノ作成ニ関スル規定ニ依リ之ヲ為スコトヲ得

4　前項ノ手続ヲ為シタルトキハ証書ハ急迫ナル場合ニ非サルカ為其ノ効力ヲ妨ケラルルコトナシ

③　主たる債務の元本・主たる債務に関する利息、違約金、損害賠償その他その債務に従たる全てのものの定めの有無、内容

(ア)　主たる債務は、保証債務の基本的範囲を画するものであるから、主たる債務の元本額については、保証予定者に明確に口授させ、その額について正確な認識を有しているかを確認すべきである。なお、保証契約の細部の内容はまだ未確定であるが、長期の外国出張等のためこの時点で作成せざるを得ないというような嘱託の場合で、例えば主たる債務の元本額が 1,000 万円以下なら保証するとの趣旨の嘱託があった場合には、その趣旨をよく確認する必要があるが、

このような保証意思の宣明が許されないとする根拠はなく、保証のリスク等について検討し、相当の考慮をした上で保証意思を表明していると認められるなら、この嘱託に応じることに差支えはない。もっともこの場合でも、主たる債務が1,000万円を超える場合は一部保証する趣旨かどうかを確認し、保証意思宣明公正証書に記載しておくことが相当であろう(注19)。

(イ) 元本の一部保証の場合はその限度額を確認することになる。この場合、主たる債務が現存する限り極度額の範囲で保証するのか、主たる債務の限度額弁済を保証するのかを確認することが必要である。例えば、1,000万円の債務のうち500万円だけを保証するという場合は、①500万円までの弁済があることを担保するもので、債務者の任意弁済又は債権者の執行によりその額までの弁済があれば、保証人は責任を免れる場合や②債務の残額がある限り500万円までは弁済の責めに任ずるという場合があり得るが、契約で特に明示されない場合は②と解すべきであるというのが支配的学説であるとされている（我妻467頁、潮見Ⅱ664頁）。これは当事者の通常の意思が②であり、取引慣行にも適するとするものであるが、公正証書作成に当たっては、公証人は、意思解釈に疑義が生じないように当事者の意思を確認し、明示的に記載しておくのが相当である。

(ウ) 主たる債務に関する利息、違約金、損害賠償その他の債務に従たる全てのものの定めの有無及び内容も、保証債務の及ぶ範囲を画する事項であるから、その具体的内容を理解しているかを確認する必要がある。法定利息によるという場合は、2017(平成29)年改正民法では変動金利制が採用されているから（民法404条3項、4項)、法定利率を3パーセントで固定する趣旨か否かを確認しておくのが相当である(注20)。ところで、固定金利と変動金利では、将来いずれが有利になるか不利になるかはそれ自体からは判断できない。したがって、当面固定金利とするが将来変動金利に移行することがあるというような場合は、移行によるリスクを認識していることを具体的に記載して、移行に同意することを記載するなどの方策を考えることになろう。なお、保証契約締結後の加重は保証人を拘束しない（民法448条2項)。保証契約締結後の保証人に不利益となる利息約定の変更については、その部分については改めて保証意思宣明公正証書の作成をした上で、保証契約を締結することを要する。次に、「その他その債務に従たるもの全て」（民法447条1項）とは、2017(平成29)年改正前民法と変更はなく、解約申入れの費用、契約締結費用、催告の費用等で債務者の負担に帰すべきものという趣旨である（旧注民（11）225頁)。

（注19）保証意思宣明公正証書は、保証意思の確認ができればその作成に応じなければならず、後に締結される保証契約の内容と一致させるということは直接の目的ではない。しかし、保証予定者の口授内容が、情報提供などにより得られた資料の内容と相違（齟齬）する場合は、その相違について保証予定者に錯誤等がないかを注意喚起する必要がある。公証人において相違する部分について保証予定者の説明の合理性に疑いがあると判断されるようなときは嘱託を拒否することも考えざるを得ないであろう。

（注20）銀行融資の場合において、利息を当該銀行のプライムレートとする場合は、保証契約締結時と融資実行時の利率の相違が保証債務内容の相違（保証契約が無効とならない許容範囲はどこまでか）の問題となる。すなわち、利息を当該銀行のプライムレートとする場合は、保証契約締結時のプライムレートと融資実行日のプライムレートが異なることが生じ得るが、

この場合も公正証書作成時においては、保証予定者にとって有利になるか不利になるかは判断できない。融資実行日のプライムレートが公正証書作成時（あるいは保証契約締結時）より低ければ許容範囲内と解してよいと思われるが、もし高くなっていた場合はどうなるかは考えが分かれる余地がある。利息は、融資実行日のプライムレートとすることが許容されるとすれば、この問題は回避できる。保証予定者がプライムレートを理解し、その変動のリスクを具体的に認識しているのであれば、特段の事情のない限り、利息は融資実行日の当該銀行のプライムレートとすることも許されよう。

④　履行意思の確認

保証予定者において、主たる債務者がその債務を履行しないときには、その債務の全額について履行する義務を負担することを理解した上で、その履行意思を表示していることを確認する。公証人は、保証予定者が、主たる債務の具体的な内容を認識した上で、主たる債務が履行されなければ自らが保証債務を履行しなければならなくなることを理解しているかを、いわば検証し、それらについて相当の考慮の上で、保証契約を締結する意思があるか否かを確認することになろう。

⑤　連帯保証人

保証人は、主たる債務者と連帯して債務を負担したときは、いわゆる催告の抗弁権及び検索の抗弁権を有しない。すなわち、保証人は、主たる債務の履行期が到来したときは、㈠まず主たる債務者に請求するよう求めることができ（民法452条）、㈡先に強制執行を受けたら、主たる債務者に財産があるはずだから先に主たる債務者に執行をかけるよう求めることができる（保証人において主たる債務者に弁済資力があり、かつ、執行が容易であることを証明したときは、債権者はまず主たる債務者の財産に執行しなければならない（民法453条））、が、連帯保証人はこれらの抗弁権を有しない（民法454条）。したがって、保証予定者が連帯保証債務負担予定者である場合は、以上のことを理解した上で債務全額について履行の意思を有していることを確認しなければならない(注21)。

（注21）一般に行われているのは連帯保証の場合が圧倒的に多数であり、上記の各抗弁権がないことはもはや自明のように思われるが、池田真郎教授が市民大学講座での保証人と連帯保証人とではどちらの負担が重いかとの問いに対し、連帯保証人より保証人の方が責任が重いという答えもあったと紹介されている（池田真郎『民法はおもしろい（講談社現代新書）』50頁）。これは、上記各抗弁権の有無とは直接関わりがない質問に対する回答であるが、一般市民にとって通常の保証と連帯保証との区別は意外と理解されていないようにも思われるところがあり、連帯保証についての確認も注意して行わなければならない。

なお、保証債務は主たる債務が消滅すると消滅する（民法448条１項）。そして、2017(平成29)年改正民法では、改正前民法434条が削除され、時効消滅に関して主たる債務者に対する履行請求は相対的効力事由とされたから、連帯保証人に対する履行の請求があったのみでは主たる債務の消滅時効は猶予、更新（「中断」）されない（民法458条、441条参照）。しかし、債権者と連帯保証人の１人が履行の請求を絶対的効力事由とする特約を結ぶことができるから（民法458条、441条但書)、金融機関の実務上は「連帯保証人に対する履行の請求の効力は主たる債務者にも及ぶ」との特約が結ばれることになろうとされている。この特約があると、連帯保証人に対する履行の請求により主たる債務の消滅時効も猶予、更新されることになる（民法147条１項、２項)。この点は、保証意思宣明公正証書に関しては直接的には問題にならないとしても、念頭においておく必要はあろう。

⑥　保証意思の確認

(ア)　保証意思宣明公正証書における保証意思とは、保証の意味内容を理解した上で、民法465条の6第2項に定める要件を口授し、主たる債務の具体的内容や保証のリスク（前述のとおり、保証債務を負うことにより直面し得る具体的な不利益を意味する。）を認識、考慮した上で、保証契約を締結し、保証債務を履行する意思ということができる。上記手順を踏んで、この保証債務履行意思の確認ができれば保証する意思を有しているということになる。法（民法465条1項等）が、事業のために負担した貸金等債務を主たる債務とする保証契約及び根保証契約は保証意思宣明公正証書の作成がないと効力を有しないとした趣旨は、既述のとおりこの保証の局面における情誼性、未必性及び軽率性を考慮した結果であるといわれている。これらの諸要素を念頭に置いて、公正証書作成の全過程を総合して保証意思の有無を判断することになろう。

(イ)　保証予定者が、情誼等によって断り切れずに保証するという場合であっても、上記のとおり主たる債務の具体的内容や保証のリスク等を考慮した上で、保証人になるというのであれば保証意思ありというほかなく、保証意思宣明公正証書を作成することになろう。ただし、保証予定者が保証する意思や覚悟がある旨を強調しても、上記保証契約の内容等の把握が不十分な場合は保証意思を確認することはできないというべきである。

(ウ)　保証予定者の資産からみて、保証債務全額の履行が困難ではないかと思われる場合など保証人として適格であるかどうかについて疑義が生ずる場合も生じ得る。

保証意思宣明公正証書作成において公証人が確認すべき事項は、保証意思（条文上は「履行する意思」）であり、保証債務の履行可能性（保証人適格や保証人の資力の有無程度）ではない。保証予定者の信用は、その者の現有資産のみではなく、収入、資金調達能力その他を総合して判断されることになるが、その判断を公証人がすることは困難であり、不適当でもある。しかしながら、保証人としてふさわしいか否か、保証債務全額を履行するだけの資力を有しているか否か等は、保証意思の確認の前提として考慮すべき事項であり、これらを踏まえて保証意思の確認をするのが相当である(注22)。なお、債務者が保証人を立てる義務を負う場合の保証人は弁済資力を要する者であることを要し、後に弁済する資力を失ったときは、債権者は上記要件を具備する者をもってこれに代えることを請求することができるとされているが（民法450条１項２号）、弁済資力がなくても保証契約自体が無効になるものではない（我妻457頁、潮見Ⅱ649頁）(注23)。

（注22）なお、保証契約の錯誤が問題となる場面としては、法律行為の基礎とした事情の認識についての錯誤（動機の錯誤）（民法95条１項２号、２項）の場合があるが、判例（最判昭和32年12月19日民集11巻13号2299頁）は、他に保証人がいるかどうかは、通常は保証契約をなす単なる縁由にすぎず当然に保証契約の内容となるものではないとし、債務者に資力があるとか、他に担保があるからとの理由で保証人になったときも同様に解している（大判大正７年６月１日民録24輯1159頁、大判昭和20年５月21日民集24巻９頁。この保証と錯誤・詐欺の関係については第１章第２の２（3）（47頁）参照）。ただし、他に保証人があるかどうかは、連帯保証の場合は「他に保証人があるかどうかにかかわらず、その全額について履行する意思」の有無が法定の口授事項（民法465条の６第２項イ及びロ）になっているから、保証意思宣明公正証書作成の関係では当然に確認されることになる。

（注 23）例えば、建設工事の請負契約において請負代金の前払いが約定されたときは、注文主は前払いの前に保証人を立てることを請求することができ、この請求を受けた建設業者は保証人を立てる義務を負うが、その不履行の効果は期限の利益喪失等である（建設業法 21 条 1 項、2 項、民法 137 条 3 号）。

（4） 民法 465 条の 6 の口授の対象とされていないが保証意思判断の際に考慮されるのが相当な事項

法定の口授の対象になっていないが、通常、保証するか否かの判断に際して考慮される事項としては、①保証契約締結予定日、②借入金の使途、③主たる債務者と保証予定者の関係、④主たる債務の弁済期・弁済方法、利息の始期及び弁済方法、期限の利益喪失約款の有無・内容などが考えられる。①は、保証意思宣明公正証書は保証契約定締結の日前 1 か月以内に作成しないと無意味であるから、必然的に保証契約締結の予定日を確認することになるし、②及び③は、主たる債務が事業のために負担した貸金等債務であるか、保証委託の有無など保証意思宣明公正証書作成の必要性を判断する前提事実でもある。したがって、最も問題なのは④であろう。④は、債務の態様（民法 448 条 2 項・旧注民（11）233 頁参照）に当たるものであるが、保証予定者にとって主たる債務の返済時期や、履行可能性等の点でも重大な関心事であるはずであり、保証するか否かの有力な判断資料となるものであるから、公証人としては、これについては、通常、保証予定者に確認することになろう。

しかしながら、保証意思宣明公正証書は保証契約書ではないから、保証契約の内容の全てが記載される必要はなく、要は保証意思が確認できれば作成されることになるのであって、保証意思宣明公正証書には、法定の口授事項以外は原則として記載する必要はないといえる。もっとも、嘱託人（保証予定者）から、保証意思宣明公正証書への記載を求められたら、これを拒否する理由はないし、公証人において個別事案ごとに必要と思われる事項についての口授事項を記載することもできる。これらの事項が記載された場合に、例えば後に締結される保証契約との間で分割弁済の回数等で若干の食い違いが生じたときの保証契約の効力がどうなるかは今後の検討課題である(注24)。

（注24）保証意思宣明公正証書は保証契約そのものではなく、保証契約の内容全てを記載するものでもない。通常、保証契約は保証予定者と債権者間で交渉が重ねられ合意に達するものであり、その内容は当事者間で自由に決めることができるが、少なくとも法定口授事項については保証意思宣明公正証書の記載内容と異なる合意（これは通常は、確認された保証意思に含まれる範囲を超えることになる）は効力を生じないことになろうが、法定口授事項以外の事項（主として履行態様）が記載されていた場合に、その記載内容と異なる合意の効力はどうなるかという問題が残る。保証債務の範囲に関する民法447条１項は解釈規定であり、保証契約の合意が優先するといえる。他方、保証契約によって主債務の内容が変更されることはないし、保証債務には附従性がある（内容に関する附従性を特約により排除することは可能である。）。そして、保証意思宣明公正証書は、保証契約締結を前提として作成されるものではあるが保証契約の締結を強制するものではないこと、契約自由の原則に基づき、保証契約を締結するか否か、どのような内容で締結するかは保証予定者の自由意思に基づく判断に委ねられていることからすると、個別事案における諸事情の下で、保証意思宣明公正証書に記載の内容（債務態様）と異なる内容で保証契約を締結することが、保証意思判断の前提事実が相違し、保証意思確認のために保証意思宣明公正証書の作成を要するとした法の趣旨に反するかどうかで個別的に判断されることになるのではないかと思われるが、具体的検討は第３章第２（149頁）で行う（民法448条２項の債務態様の加重については、松嶋一重「保証債務（その

1)」（金法2012号40頁）及び前掲・旧注民（11）233頁等参照)。

主たる債務の内容（金銭消費貸借契約の内容）が確定してから保証意思宣明公正証書が作成されたとしても、公正証書作成時から保証契約締結時までに部分的変更が生じ得ることを想定するなら、弁済条項等を保証意思宣明公正証書に記載する場合には、公証人としては、保証予定者の意向を十分把握して、変更にも対応できるような記載方法を工夫することも必要になろう。なお、個人保証契約については、個人保証人の脆弱性などから契約自由の原則に委ねるのは適切でないとする見解もある（日本弁護士連合会「保証人保護の方策に関する意見書」(2014年2月20日。日本弁護士連合会ホームページ)、潮見Ⅱ 768頁参照)。

(5) 個人根保証、連帯根保証の場合の留意事項

個人根保証契約一般については、書面による「極度額の定め」は必要であるが、「確定期日の定め」は不要である。これに対し、主たる債務の範囲に貸金等債務が含まれる個人根保証契約の場合は、書面による極度額の定めに加えて、書面により元本確定期日の定め及びその変更も定められなければならない(民法465条の3第4項。なお、元本確定期日の合意がないときは、保証契約締結の日から3年経過する日が元本確定期日となる。)。

また、法の定める「元本確定事由」は、保証契約一般については、保証人への強制執行等申立て、保証人の破産手続開始決定、主債務者又は保証人の死亡であるが、主たる債務の範囲に貸金等債務が含まれる個人根保証契約の場合は、元本確定事由として、主債務者への強制執行等申立て、主債務者の破産手続開始決定が加わることになる（民法465条の3、民法465条の4)。

保証意思宣明公正証書の作成が必要となるのはこの貸金等債務が含まれる個人根保証契約であり、個人根保証、連帯根保証

の場合の口授を受ける事項についての留意事項も、上記の点に注意が必要であるほかは通常の保証、連帯保証の場合と基本的に同じである。以下、概略を述べる。

①　主たる債務の範囲

主たる債務の範囲は、契約の類型や契約期間等で他から識別が可能なように特定される必要がある。保証予定者にはこの点をよく確認することが肝要である。なお、主たる債務の範囲に主たる債務者が事業のために負担する貸金等債務が含まれていることは当然の前提である。

②　根保証における極度額

個人根保証契約における保証人は、主たる債務の元本及び主たる債務に関する利息、違約金、損害賠償、その他債務に従たる全てのものについて、極度額を限度として履行する責任を負うが、極度額の定めのない個人根保証契約は効力を生じない(民法465条の２第１項、２項)(注25)。

このように、極度額は保証人の責任の上限を画する重大な意義を有するものであり、その点の確認は当然のことであり、極度額について口授がなければ、根保証契約としての保証意思宣明公正証書を作成することはできない。

（注25）根保証契約は、一定の範囲に属する不特定の債務を主たる債務とする保証契約である。このような根保証契約においては、主たる債務が保証契約締結後に追加される可能性があり、保証予定者が予想していなかった過大な責任を負うリスクがあるといえる。すでに2017(平成29)年改正前民法においても、保証人が個人である根保証契約であってその債務の範囲に金銭の貸渡し又は手形の割引を受けることによって負担する債務が含まれるものについては、極度額を定めなければその効力を有しないとの規定（改正前民法465条の2）や元本の

確定事由に関する規定（改正前民法465条の5）がおかれていたところであるが、2017(平成29)年改正民法は、上記規律の対象を保証人が個人である個人根保証契約全般に拡大していた（民法465条の2、同465条の4）（個人根保証の特則の改正経緯等について潮見II 753頁以下参照）。

③　元本確定期日の定めの有無及びその内容

根保証契約における保証人の負担する債務は、極度額を限度として、合意された元本確定期日又は民法465条の4第1項及び第2項に規定する事由その他元本を確定すべき事由が生じる時までに生じた主たる債務の元本及び主たる債務に関する利息、違約金、損害賠償、その他債務に従たる全てのものの全額である。

ところで、個人根保証一般についての規律として元本確定期日に関する定めはないが、個人貸金等根保証契約においては元本確定期日の定めをする場合は、その期間は根保証契約締結日から5年以内でなければならず、元本確定期日の定めがないときは、根保証契約締結の日から3年を経過する日が元本確定期日となる（民法465条の3第1項、2項）。したがって、個人貸金等根保証予定者には、元本確定期日の定めの有無及びその内容を確認する必要があるほか、民法465条の4に定める個人根保証契約の元本確定事由についてもその認識を確かめておくのが相当である。

④　連帯根保証

連帯根保証人についても、上記①ないし③で述べたとおりであるが、連帯根保証の場合は、債権者が債務者に催告したかどうか、主たる債務者がその債務を履行できるかどうか、又は他の保証人があるか否かにかかわらず、全額について履行の責任があることを理解の上、保証意思（履行意思）を有しているかを確認することになる。

(6)　保証契約の内容が確定できていない段階で、保証意思宣明公正証書作成の嘱託があった場合

①　保証契約の内容が確定していなければ、本来保証予定者は、民法465条の６第２項１号に定める事項の全部又は一部を口授できないことになるはずであり、一部でも口授できなければ保証意思宣明公正証書の作成はできないことになる。

しかしながら、現在鋭意最後の調整を行っているところであり、細部の詰めができ次第保証契約を締結することになっているので、一部未確定の部分があるが予め保証意思宣明公正証書を作成したいという嘱託がされることが考えられる。例えば、融資金額について2,000万円とするか1,500万円とするか、あるいは利息を年４パーセントとするか年５パーセントとするかで最終の詰めの作業中であるが、どちらになるにせよ保証が前提となっており、保証予定者としてはそのいずれの条件でも保証する予定であるとの趣旨の嘱託がなされた場合等様々なケースが想定される。公証人としては、保証契約の内容が確定した後に再度嘱託するように説得するのが相当であるが、保証意思宣明公正証書の作成を強く求められた場合に嘱託を拒否できるかどうかは事案によるというほかない。上記の場合において、主たる債務の元本額が2,000万円でも1,500万円でも要するに2,000万円以下なら保証する、利息も年５パーセント以下なら保証するというような口授の内容が一定の範囲内とする場合であっても、その範囲がある程度の具体性を持った幅であり、その範囲で保証予定者において保証のリスク等を十分認識検討できるものであり、保証予定者から明確な保証意思が表明されている場合には嘱託に

応じて差し支えない。もっとも、単に2,000万円以下なら保証するという場合は、主たる債務が3,000万円で締結されたような場合は、2,000万円の限度で保証するというのか、2,000万円を超えるような主たる債務であれば保証する意思がないというのか確認できなければ、その段階での保証意思宣明公正証書の作成は留保するか拒否することになろう。

② 未確定部分が、法定の口授の対象となっていない事項、例えば借入金の具体的使途、保証契約締結日などについては、それが未確定であったとしても、嘱託人が当日の作成を強く求め、嘱託を撤回しなければ、これを拒否することはできない。

(7) 連帯保証契約の代替手段としての「併存的債務引受契約」、「連帯債務契約」と民法465条の6等の準用(類推適用)について

① 併存的債務引受とは、契約により債務者の債務と同一内容の債務を、引受人が債権者に対して負担することをいうが、債権の引当てという観点からすると、債務者の一般財産に引受人の一般財産が加わることになり、保証に類似する機能を有する信用補完方式ということができる。そこで、連帯保証契約を潜脱する目的で、代替手段として併存的債務引受契約という形式をとった場合の効力が問題となる。潮見教授は、契約の解釈を通じた性質決定を経て併存的債務引受と評価される場合でも、それが上記のように保証を目的としたものであれば、保証人保護の規定を準用すべきであると述べている(潮見Ⅱ 500頁)。

② 連帯債務は、数人の債務者が同一内容の給付について各自が独立に全部の給付をなすべき債務を負担し、しかもそのうちの1人が給付をすれば全ての債務者が債務を免れる関係

にあるものをいう（我妻401頁、潮見Ⅱ577頁）。この場合も、連帯債務契約の形式をとりながら、債務者の一人が他の連帯債務者の負う債務を保証することを主たる目的とする場合がある（我妻・前掲405頁は、保証の意味で債務者に加わる場合に、それが真実に連帯債務者となったか、連帯保証人となったのかの認定は慎重でなければならないとされている。）。これが連帯保証と認定される場合は、当然に保証人保護規定の適用があることになる。また、連帯保証契約の代替手段として連帯債務契約を締結する場合にも併存的債務引受契約の場合と同様、保証人保護の規定を準用すべきであろう（潮見・前掲578頁）。

③　そうすると、これから締結する契約は「（併存的）債務引受契約」あるいは「連帯債務契約」であるが、実質は保証契約であるので、債務引受契約等が無効とされないために保証意思宣明公正証書を作成したいとの保証予定者からの嘱託があれば、これに応じて作成して差し支えないと思われる（公証人が保証人保護規定の適用の潜脱行為に加担することにはならないであろう。）。

(8)　会社の事業資金とするため会社代表者が個人として借入する場合の保証について

中小企業において代表者が個人として会社の事業用資金を借り入れることも少なくないと思われるが、この場合の借入が、「事業のために負担した貸金等債務」に該当するかどうかは、貸付等の基礎とされた事情に基づいて貸付時を基準として客観的に定まるものであり、事業のために負担した貸金等債務と認められれば、当該債務の保証については個人保証保護規定の適用があることになるが、民法465条の6第1項にいう「事業のためにする借入」は自己の業務のための借入と解されるから、一般的には、事業のために負担した債務とは認めがたいと思われる。もっとも、いわゆる法人成りした企業においてその経営基盤ができていないなどの理由から会社の営業資金であるにもかかわらず代表者個人としてしか融資が受けられないということも生じ得るし、もともと中小企業において会社と代表者個人とが截然と区別されていない場合もあり、場合によっては個人保証保護規定の適用を回避するため代表者個人の借入とすることもあり得るのであり、このような場合における当該借入の「事業のために負担した貸金等債務」の該当性や、個人保証保護規定の潜脱目的でなされた借入に対する保証人保護規定の適用（類推適用）の可否についてはこれを肯定してよいと思われるが、なお検討を要する問題である。

そこで、このような状況下で、会社の事業資金に充てる目的で代表者個人を主たる債務者とする借入について、主たる債務者から保証委託を受けた保証予定者から、保証意思宣明公正証書作成の要否が不明のため念のため保証意思宣明公正証書を作成しておきたいとして作成嘱託がなされた場合には、公証人としては、これに応じて、保証意思の確認ができれば保証意思宣明公正証書を作成するのが相当であろう（注26）。

（注26）ここでの問題は、もっぱら「事業のために負担した貸金等債務」の該当性であり、この点は前述のとおり貸付等の基礎とされた事情により客観的に定まるものであり、公証人の認識判断に左右されないから、公証人としては、客観的に非該当と判断される場合を除けば、保証意思宣明公正証書の作成に応ずるほかないであろう。

なお、会社の事業用資金を会社と代表者が連帯債務者となって借り入れる場合は、代表者の負担する債務は事業用資金の借入債務に他ならないから、その個人保証には当然保証意思宣明公正証書の作成が必要となる。

(9)　事業のために負担した貸金等債務を主たる債務とする債務弁済（承認）契約の保証やこれを旧債務とする準消費貸借契約の保証について

① 債務弁済契約は、債務者が債権者に対し、ある特定時点における既存の債務（ここで問題となるのは、事業のために負担した貸金等債務）の存在を承認し、その債務につき新たな履行方法を約する契約である。この類型には、(ア)既存債務を単純に承認し、履行期や弁済方法につき新たな合意をするもの、(イ)既存債務に既発生の利息を組み入れたり、利息、損害金を変更するものや、(ウ)既存債務の存否、数額等に争いがあり、これを確定させ新たに弁済方法等を合意するものなどがある。(ア)及び(イ)は既存債務は消滅せず、債務承認に係る債務と既存債務とは同一性を維持していると認められるから、債務弁済契約上の債務保証は民法465条の６の適用を受けると解される。(ウ)の場合は、実質的には和解契約ともいい得るものであり、原則として旧債務は変更、消滅すると解されるが、新旧債務の同一性は事案により異なるものといえよう。存否等に争いのあった旧債務が全て事業のために負担した貸金等債務であった場合は、同一性が認められるものとして、その債務の保証には民法465条の６の適用が肯定されるべきであろうし、その一部に売買代金債務等が含まれるような場合は、当事者の合意内容その他の諸事情を総合して判断されることになると思われる。

② 準消費貸借契約とは、金銭その他のものを給付する旧債務（ここで問題となるのは事業のために負担した貸金等債務）を消費貸借上の目的（新債務）とすることにより成立する契約である。準消費貸借契約上の新債務と旧債務の同一性

については、判例は、当事者の反対の意思が明らかでない限り、既存債務との同一性を維持するものとしているようである（最判昭和50年7月17日民集29巻6号1119頁、大判昭和8年2月24日民集12巻24頁）。準消費貸借は当事者の意思に基づく債務原因の変更であるから、債務の同一性の問題は主として当事者の意思が標準となるとはいえるが、債務の同一性は抽象的にではなく事項ごとに個別的に判断されるべきであると解される（我妻・中一367頁、新注釈民法（15）30頁等参照）。個人保証保護規定の適用を潜脱するために同一性を否定する合意は公序に反し無効と解されるから、旧債務を事業のために負担した貸金等債務とする準消費貸借契約の保証には保証意思宣明公正証書の作成が必要と解される(注27)。

（注27）ちなみに、旧債務に基づく貸金返還請求権と準消費貸借契約に基づく貸金返還請求権は訴訟物を異にするかという点については、これを別個の権利であるとする説（大判昭和8年7月12日大審院裁判例7巻民事177）と同一の権利であるとする説（大判昭和2年6月9日民集6巻8号341頁、最判昭和41年10月6日判時473号31頁）があり、前説に立てば、訴訟において準消費貸借契約に基づく貸金返還請求権への主張の変更は訴えの交換的変更に当たることになる。裁判実務は前説に立っているのではないかと推測される（司法研修所監修「4訂民事訴訟第一審手続の解説」46頁）。

（10）　将来債務・条件つき債務の保証

主たる債務は、保証契約締結時に発生している必要はなく、将来発生する債務を保証することを内容とする保証契約も有効に成立する。この場合、通説・判例は主たる債務が発生する前に保証債務だけを発生させる必要はなく、保証債務もまた将来の保証債務となるとしている（我妻 461 頁、最判昭和 33 年 6 月 19 日民集 12 巻 10 号 1562 頁等）が根保証との理論的整合性や事前求償権行使の必要性を考慮し、契約と同時に保証債務が成立するとみるのがよいとの説もある（潮見・前掲 651 頁）。いずれにしても、将来発生する債務を主たる債務とする保証契約締結のために保証意思宣明公正証書の嘱託がなされれば公証人としてはこれに応ずることになる。もっとも、このような場合は、主たる債務の内容が変更される可能性も否定できないから、実務上は、主たる債務が発生しその内容が確定してから、保証意思宣明公正証書の作成をするよう促すことが妥当な場合もあり得よう。

（11）　身元保証

身元保証契約とは、引受、保証その他名称の如何を問わず、被用者の行為によって生じた損害を賠償することを約する契約（身元保証法１条）をいう。身元保証には、被用者に帰責事由のある損害賠償請求義務が発生した場合の保証と、被用者の賠償義務の有無にかかわらず、被用者を雇用することによって使用者が被った一切の損害を補填するものがあるといわれているが（旧注民（11）296 頁）、このうち前者は、保証契約の性質を持つものであり、個人根保証に関する民法の規定が適用される（第１章第１の１（2）⑦（18 頁）、第２の７（4）①㈡（77 頁）参照）。したがって、書面によらない身元保証契約は不成立であるし、極度額の定めのない保証は無効となるが、主たる債務が事業のための貸金等債務に該当しないから、保証意思宣明公正証書の作成対象とはならない。

6　保証意思宣明公正証書の作成嘱託を拒否すべき場合について

(1)　保証意思の積極的確認

保証意思とはすでに述べたように、保証予定者において、主たる債務の具体的内容を、保証債務を負担すれば主たる債務者が履行しなければ自らが保証債務を履行しなければならなくなるなどの具体的な不利益を認識、理解した上で保証契約を締結する意思である。民法465条の6の趣旨は、このような保証意思を、保証契約締結に先立って保証意思宣明公正証書の作成過程を通じて確認することにより、安易に保証契約を締結することを防止することにある。公証人は、保証予定者の口授等を通じて保証意思があるかないかを判断し、相当な考慮をした上での保証意思が確認できて初めて保証意思宣明公正証書を作成することになるのであって（公証人法施行規則13条参照）、これが明確に確認できなければ保証意思宣明公正証書作成の嘱託を拒否しなければならない。保証予定者が、主観的に保証人の責任を覚悟し、保証する意欲があることが認められても、保証契約の内容を十分認識、理解していないような場合は保証意思があるとはいえない。公証人に課されるこの点の判断は、微妙な場合が生じ得るが、公証人は、保証予定者に積極的に保証意思が認められなければ嘱託を拒否するほかない。

(2)　保証意思と錯誤・詐欺等

①　公証人は、正当の理由ある場合でなければ嘱託を拒むことはできない（公証人法3条）。また、公証人は法令に違反

した事項、無効の法律行為及び行為能力の制限により取り消すことができる法律行為については公正証書を作成することができない。ところで、民法465条の6第1項は、保証意思宣明公正証書で保証債務の履行の意思を表示していなければ、後に締結される保証契約はその効力を生じないと定めているが、保証意思宣明公正証書における保証意思自体を無効とするものではないから、この規定を根拠に嘱託を拒むことはできない。しかし、すでに検討したとおり保証意思の宣明は法律行為そのものではないが、保証契約締結の前提となる準備行為であり、保証契約の効力を左右するものであって、法律行為に準ずるものであるから、このような保証意思宣明の性質からすれば、この保証意思宣明について法律行為の意思表示の瑕疵に関する規定の準用が可能である。したがって、保証予定者に保証意思宣明について錯誤、詐欺等によって保証意思の宣明が無効あるいは取消しがされる可能性があるようなときは、公証人法26条により嘱託を拒否すべきである(注28)。

② 将来締結される保証契約自体の瑕疵の存否は、直接問題とはならない。しかし、例えば、主たる債務者が反社会的勢力であったり、主たる債務の成立について公序良俗違反、暴利行為の疑いがある場合等には慎重に保証意思を確認するのが相当である。ちなみに、最判平成28年1月12日民集70巻1号1頁は、信用保証協会の保証の事案について、主たる債務者が誰であるかは保証債務の一要素であるが、主たる債務者が反社会的勢力でないことは債務者に関する事情の一つであって、これが当然に保証契約の内容となっていることはできないとして、保証契約の錯誤無効の主張を排斥しているが、個人保証人の場合はより慎重な配慮が必要であろう。なお、保証契約と詐欺・錯誤等については第1章第2の2（3）

（47 頁）を参照されたい。

（注 28） 公証人法 26 条は、「無効の法律行為」と判明したときは公正証書を作成することはできないと規定しているが、詐欺や強迫により取り消すことができる法律行為の場合も、これを内容とする公正証書は作成できないと解される（日本公証人連合会『新訂公証人法』106 頁以下。なお、2017（平成 29）年改正民法 95 条は、錯誤の場合も取り消すことができると規定しているがこれも同様である。）。また、公証人の嘱託受託義務、審査義務、調査義務一般については、前掲書 28 頁以下参照。

（3） 債務者の事前情報提供義務との関係

民法 465 条の 10 は、主たる債務者は、事業のために負担する債務を主たる債務とする保証又は債務の範囲に事業のためにする債務が含まれる根保証の委託をするときは、主たる債務者の財産及び収支の状況等に関する情報を保証予定者に提供しなければならないとしている。これは、保証のリスクを検討し保証人になるかどうかについての判断をするために必要な情報であり、公証人としては、保証予定者に上記情報の提供を受けているかを確認するのが相当である。情報提供を受けていないときは、保証意思確認の際の消極的事情として考慮することになるが、情報提供を受けていないことのみで嘱託を拒否することはできない。なお、情報提供義務違反等による保証契約に対する取消権等については同条２項に規定があるが、情報提供のなかったことあるいは情報が誤っていたことを債権者が知り又は知ることができたときに限り保証契約を取り消すことができるとされている。

(4)　法律上保証意思宣明公正証書の作成が必要とされる場合に当たるか否かについての判断

公証人が保証意思宣明公正証書の作成の嘱託を受けた場合、民法 465 条の６に定める保証意思宣明公正証書の作成を要する場合に該当するか否かについて、判断が微妙な事案があり得ることは、第２の４で述べたとおりであり、公証人としては、明らかに不必要と判断される場合以外は、嘱託を拒否することはできないというべきである。もっとも、保証意思宣明公正証書作成の要否について嘱託人からの質問があれば、嘱託人において適切な判断ができるよう法律の規定の趣旨を説明するなどのアドバイスをするのが相当であろう。

7　その他関連事項

(1)　保証意思宣明公正証書と同時に（執行認諾文言付）保証契約公正証書を作成することの可否について

① 両公正証書が同時に作成されるといっても、保証意思宣明公正証書は、保証契約に先立って作成されなければならないから、保証意思宣明公正証書と保証契約公正証書は各別（合計２通）に作成されることになる。保証意思宣明公正証書の作成後であれば、同日であっても保証契約公正証書を作成することを否定する根拠はない。執行認諾文言付保証契約公正証書[注29]であっても同様である。

② 公証人は、保証契約公正証書をはじめとしておよそ公正証書の作成に当たっては、公証役場に出頭した嘱託人（当事者双方）に対し、直接同人等に対して自ら締結する契約の内容を具体的に理解しているかを確認しているはずである。ただし、公正証書の嘱託は原則として代理人によってもできるから（公証人法31条、32条）、例えば保証意思宣明公正証書作成後に締結される保証契約の公正証書については、保証予定者は直接公証役場に出頭せず、代理人による嘱託によっても作成することができるが、その場合は保証契約の内容が全て記載されている委任状の提出が必要である（なお、貸金業法20条は、貸金業を営むものは、債務者等から執行認諾文言付公正証書を作成する委任状をとってはならないものとしている。）。これに対して、保証意思宣明公正証書は、保証予定者が公証人に対し、直接口頭で必要事項について口授することが法律上要求されている。したがって、保証予定者は、公証役場に出頭して保証意思宣明公正証書を作成することになるから、保証意思宣明公正証書と同日に作成される保証契約公正証書についても、公証人は、その保証契約の内容を直接保証予定者本人に確認することになるのであり、その際必然的に保証意思確認作業を重ねて行うことになる。保証意思宣明公正証書作成後さらなる考慮期間を保証予定者に与えることが必要であるとの観点から、保証意思宣明公正証書の作成と同日の保証契約公正証書の作成は回避すべきであるとの考えもあり得ようが、もともと保証人になろうとする者の嘱託によって保証意思宣明公正証書作成作業が開始され、公証人が、保証予定者に対し、法定の口授事項等の口授を通じて保証意思が確認できて初めて保証意思宣明公正証書が作成され、その上で、保証予定者が保証契約の内容について確認の上保証契約を締結するものであるから、両公正証書が同日に

作成されることが不適当であるとはいえない。もとより、公証人において、同日に保証契約公正証書、特に執行認諾条項付保証契約公正証書を作成することについて、不自然さなどが感じられた場合は保証契約公正証書の作成の延期を勧告するのが相当であるが、それでも作成を求められれば嘱託を拒否することはできないであろう(注30)。

（注29）保証契約について執行認諾文言付保証公正証書が作成されていると、債権者は、金銭債務については、訴えを提起して判決を取得することを要しないで、強制執行することができることになる（民事執行法22条５号）。公証人としては、保証人がそのことをよく理解しないまま、執行認諾の意思表示をすることがないように注意しなければならない。なお、執行認諾の意思表示は、私法上の法律行為ではなく、執行力の発生という訴訟法上の効果の発生を目的とする訴訟法上の法律行為（訴訟行為）であり、公証人に対し直ちに強制執行を受くべき旨の意思表示をする一方的行為（単独行為）である（最判昭和44年９月18日民集23巻９号1675頁）。この意思表示にも錯誤に関する民法95条の適用があり（上記最判参照）、民法96条の適用も肯定されよう（吉野衛「執行証書作成の実務上の諸問題」公証法学29号33頁）。

（注30）悪質な金融業者から、2017（平成29）年改正民法によって保証意思に関する公正証書の作成が必要であると言われて、これに応じたところ、どさくさに紛れて強制執行認諾条項付きの公正証書（保証契約公正証書）が作成される危険性があるとの指摘もある。公証人がこのような作成嘱託に安易に応ずることはないと思われるが、公証人としては心しておくべき指摘ではある。

(2)　事業用資金としては融資を受けられないため、他の名目で融資を受ける際の保証について

民法465条の6は「事業のため負担した貸金等債務」の保証について保証意思宣明公正証書の作成を保証契約の有効要件としている。この事業のために負担した貸金等債務か否かは、借主がその債務を負担した時点を基準時として、貸主、借主間で貸借等の基礎事情とされた事情に基づいて客観的に定まる。したがって、借主において真実は事業のための借入であるのにこれを秘して事業以外の使途のためとしていたため保証意思宣明公正証書が作成されていないまま保証契約が締結されることがあり、その場合には、当該借入の「事業のため負担した貸金等債務」の該当性を巡って当該保証契約の効力が問題となり得るが、このような場合は、通常は保証意思宣明公正証書作成の嘱託がされることはないから、保証意思宣明公正証書作成の要否が問題となることはほとんどないと思われる。万一、このような場合において、主債務者の委託を受けて、事業のための貸金等に当たるとされることを慮って念のために保証意思宣明公正証書を作成しておきたいとして作成嘱託がされた場合は、公証人としては法の趣旨を説明することになろうが、嘱託人が嘱託を維持する以上はこれに応じて差し支えないであろう。

(3)　保証契約の締結後、主たる債務者の事業に現に従事していた配偶者が離婚した場合についての保証責任

改正民法にも離婚した配偶者を保護する規定は置かれていない。したがって、

① 離婚前に負うことになった保証債務は、離婚を理由に保

証債務を免れることはできない。したがって、このような場合にこれを免れるためには、保証契約において配偶者であることが保証債務を履行する条件であることを合意しておく必要がある。

②　根保証の場合に離婚後に発生した債務についても保証責任を負うかが一応問題となるが、根保証契約は離婚によって当然に失効することはないので、離婚後に生じた債務についても原則として保証責任を負うことになる。もっとも、保証人の主たる債務者に対する信頼が害されるに至ったなど保証人として解約申入れに相当の理由がある場合には、債権者が信義則上看過できない損害を被るような特段の事情があるときを除いて、保証人から一方的に根保証契約を解約することができると解されているから、離婚その他の事情とあいまって上記の特別解約権の発生が肯定できれば保証契約を解約できることになる（第１章第１の２⑵（21 頁）、同第２の７⑷④㋐（80 頁）参照）。しかし、そのような特別解約権発生原因事実を予め保証契約に特定して記載することは困難であろう。

③　保証契約締結後、婚姻が取り消された場合においても、婚姻の取消しは遡及効を有しないから（民法 748 条１項）、婚姻の取消しは保証契約の効力に影響を及ぼすことはない。

また、保証契約締結後婚姻の無効（民法 742 条１号）が判明した場合は、保証人ははじめから配偶者でなかったことになるので「主たる債務者の事業に現に従事している主たる債務者の配偶者」という要件に該当せず、保証意思宣明公正証書の作成なしに締結された保証契約はその効力を生じないことになる。あらためて保証するというのであれば、保証意思宣明公正証書を作成の上、保証契約を締結することになる。

第3章

保証意思宣明公正証書と保証契約を巡る諸問題

本章では、第１で、委託を受けた個人保証人に対する主たる債務者の情報提供義務についての問題を、第２で、保証意思宣明公正証書と後に締結される保証契約の内容との間に相違（齟齬）が生じた場合の保証契約の効力に関する問題を扱い、第３で、保証意思宣明公正証書等の参考文例をあげる。

第1　委託を受けた個人保証人に対する主たる債務者の情報提供義務

1　事前の情報提供

(1)　個人保証には情誼性・未必性・軽率性といった特有の要素があり、また債権者・主たる債務者と保証予定者との間で情報格差という要素が定型的に見られるところである。したがって、情報収集の失敗や判断の失敗によるリスクは個人保証人の自己責任であって、意思表示・法律行為の瑕疵の枠組みによってのみ自己決定の結果を免れることができる、とすることには問題がある。そこで、民法は、主たる債務者が事業のために負担する債務について保証の委託をするとき又は主たる債務の範囲に事業ために負担する債務が含まれる根保証の委託をするときは、委託を受ける個人に対し、契約交渉に際して、次の①から③までの事項に関する情報を提供しなければならないとしている（民法465条の10第１項）。

①　資産及び収入の状況

② 主たる債務以外に負っている債務の有無、額及び履行状況

③ 主たる債務の担保として他に提供し、又は提供しようとするものがあるときは、その旨及びその内容

ところで、主たる債務者は、この①から③に関し具体的に何を情報提供すればよいであろうか。②、③は、比較的問題が少ないと思われる。①については、主たる債務者が法人であれば、決算内容を知らせることが考えられるという意見がある（債権法研究会「詳説改正債権法」196 頁）。

これらの情報は、保証人が主たる債務者の弁済の可能性を検討することにより、自らの一般財産によって責任を負わざるを得なくなる可能性並びにその内容・程度を判断する上で前提となる重要な情報（保証リスク判断のための情報）である。この情報提供義務が認められるためには、①保証人が個人であること、②主たる債務者が事業のために債務を負担する者であること、③主たる債務者が保証人に対し保証を委託する場合に限定されていること、④この説明対象事項は制限列挙であること、⑤情報提供義務を負うのは主たる債務者であって債権者ではないことが重要である（潮見Ⅱ 778 頁以下）。

(2) 事前情報提供義務が課されるのは、およそ保証人が主たる債務者からの委託を受けて保証する場合であり、かつ、個人保証でありさえすればよい。個人保証人が主たる債務者の経営者であろうが、理事・取締役であろうが、その例外になるわけではない（潮見・前掲 779 頁）。

2　委託を受けた個人保証人による保証契約の取消権

(1)　取消要件

主たる債務者が委託を受けた保証人（受託保証人）に対して民法465条の10第1項の各事項に関して情報を提供せず、又は事実と異なる情報を提供したために、保証人がその事項について誤認をし、それによって保証契約の申込み又は承諾をしたときは、保証人がその保証契約を取り消すことができる場合がある。取消要件を整理すると、次の①から④までのとおりである。

①　主たる債務者が、同条1項1号から3号までの事項に関して情報提供をせず、又は事実と異なる情報を提供したこと。

②　そのために、委託を受けた者がその事項について誤認をしたこと。

③　保証予定者がそのために保証契約の申込み又は承諾の意思表示をしたこと。

④　主たる債務者が、前記の情報提供をせず、又は事実と異なる情報を提供したことを、債権者が知り又は知ることができたとき。

なお、保証人が保証契約を取り消すことができるとするためには、法文上明らかなように、「①が②をもたらした」という因果関係と、「②が③をもたらした」という因果関係が必要である。この点を、例えば、主たる債務者の会社の取締役が会社の債務を個人保証する事例についてみてみる。その取締役は、粉飾決算の事実を改めて知らされなかったが、すでにその事実を知っており、それにもかかわらず個人保証をしたとする。この場合、当該取締役は、その会社の経営状態ないし収支の状況を知りつつ保証したということができ、粉飾決算の点の情報提供を受けなかったから当該会社の経営状態を誤認した（②）とはいえない。また、経営状態を誤認したから保証契約を締結した（③）ともいえない。

したがって、この場合には、少なくともこの点において取消要件を満たさないから、保証人となった取締役が保証契約を取り消すことはできないと考えられる。

(2)　他の制度との関係

民法465条の10第２項は、個人保証人に特別な取消権を与えるために設けられた規定である。したがって、この規定があるからといって、錯誤・詐欺を理由とする取消しや、消費者契約法４条に基づく取消しが個人保証人に認められなくなるわけではない。また、保証人が主たる債務者に対し、契約交渉の際の説明義務・情報提供義務違反を理由として損害賠償を求めることを、民法465条の10第２項の規定が制限するものではない。

3　情報提供を受けていない保証予定者から保証意思宣明公正証書作成嘱託があった場合の公証人の対処について

(1)　公証人は、保証意思宣明公正証書作成の嘱託を受けたときは、嘱託人に民法465条の10第１項所定の情報提供を受けているかどうかを確認し、受けていないのであれば早急に提供を受けるよう促すのが相当である。すなわち、すでに述べたように、個人保証には、保証人側の情誼性・未必性・軽率性といった特有の要素があり、また、保証リスクに関して債権者・主たる債務者と保証人との間で大きな情報格差があり、契約締結前の情報提供義務の制度は、これら個人保証人側のリスク判断を適正にすることができるようにするためのものであるからである。

(2) 公証人は、その上で保証予定者に保証意思があるかどうかの判断をするが、その判断に当たっては、上記の情報提供を受けたか否かを、保証予定者が保証人になることについて相当の考慮をしたかどうかの前提事情として検討し、保証意思の有無の判断をすることになろう。

その際に、保証予定者が情報提供を受けていないとすれば、保証予定者が相当な考慮をしていないとして、保証意思があると考えることに疑念を生じさせる要因の一つになる場合もある。

(3) 情報提供の有無を保証意思宣明公正証書に記載することについては、保証予定者からこの点について口授があっても、特別の事情のない限り、その口授内容を記載する必要はないものと考える。保証予定者が主たる債務者から情報提供を受けているときは、記載してもよいが、記載しなくても格別の問題はない。情報提供を受けていないときは、情報提供を受けるよう保証予定者に促すのが妥当である。その結果保証予定者が情報提供を受けられれば問題がなく、それでも情報提供を受けることができなければ、通常は保証予定者が保証意思を持ち続けることは少ないと思われる。それにもかかわらず、保証意思が明確で保証意思宣明公正証書が作成される場合には、あえて情報提供を受けていないことやその理由を記載する意味は乏しい。嘱託人の要望や公証人の判断で、それらの事項を記載することを否定するまでのことはないが、無用であろう。

第2　保証意思宣明公正証書と保証契約との間の相違を巡る問題

1　はじめに

民法465条の6は、事業のために負担した貸金等債務を主たる債務とする保証契約又は主たる債務の範囲に事業のために負担する貸金等債務が含まれる根保証契約は、当該保証契約・根保証契約の締結に先立ち、その締結の日前1か月以内に作成された公正証書で保証人になろうとする者が保証債務を履行する意思を表示していなければ、その効力を生じないとしている。保証意思宣明公正証書の内容と保証契約の内容とに相違（齟齬）が生じた場合は、保証契約の効力が否定される場合もあり得ることになる。このように、保証意思宣明公正証書作成後に、保証契約の内容が当初の予定から変更されるなど、保証意思宣明公正証書の内容と、後に締結される保証契約の内容との間に相違が生じた場合、保証契約は全部が無効になるのか、あるいは一部が無効になるのか、それとも保証契約の効力に影響がないのかなど、保証契約にどのような影響が生じるのかが問題になる。このような保証意思宣明公正証書と保証契約との間の相違の問題は、保証契約締結に際して問題になるだけでなく、さかのぼれば保証意思宣明公正証書作成に際し同証書にどのような内容を記載するのかという点においても問題となる（保証契約締結後、主たる債務の目的又は態様が加重されたときであっても保証債務は加重されない（民法448条2項）が、ここでは、保証意思宣明公正証書記載事項とその後締結される保証契約の内容との相違を問題とするものである。）。この相違が保証意思宣明公正証書作成後に締結される保証契約に対しどのような影響を与えるかについては、法の施行後、様々な事例や裁判例が集積されることによって、議論は集約されて行くであろうが、本項では、この問題について、現時点において可能な若干の検討をするものである。

なお、保証契約が公正証書によって締結される場合は、公証人は、無効の法律行為について公正証書を作成してはならない（公証人法26条）から、民法465条の6所定の保証意思宣明公正証書が作成されていない場合には保証契約公正証書を作成することができないほか、保証意思宣明公正証書の内容と相違のある保証契約公正証書を作成できるかどうかの問題に直面することになる。そうすると、この問題は、公証実務上も重要な問題ということになろう。

2　保証意思宣明公正証書の法定口授事項関係

保証意思宣明公正証書作成に際し、保証予定者は、民法465条の6第2項1号イ又はロの事項（法定口授事項）を公証人に口授しなければならない。この法定口授事項は、公証人において、保証予定者が保証意思（保証債務履行意思）を有しているか否かを判断するための基本的事項であるから、この口授事項と保証契約の内容が異なれば、同条の趣旨・目的からしても、原則的には保証契約はその効力を生じないと解するのが相当であろう。すなわち、保証意思宣明公正証書の作成目的は、保証予定者において自発的に保証する意思を有していることを第三者である公証人が確認するところにある。そこで、公正証書作成手続における口授事項と保証契約の内容が異なれば、正確な意味で「保証予定者において後に締結する保証契約につき自発的に保証する意思を有している」とはいえないと考えられるからである。

ただし、後にやや細かく検討するとおり、主たる債務の元本金額が減少するような場合など、保証意思宣明公正証書において上記のように確認された保証意思に包摂されると評価される変更の場合は保証契約の効力に影響を及ぼさないと考えられる。以下において検討する。

(1)　主たる債務の元本額

①　保証契約の貸付元本額が保証意思宣明公正証書記載の元本額から減少した場合

保証意思宣明公正証書作成後に、予定されていた貸付元本額を減少させることになり、その減少させた金額で消費貸借契約及び保証契約が締結された場合は、どう考えたらよいか。

保証意思宣明公正証書記載の主たる債務と保証契約記載の主たる債務との間に同一性があると認められる場合における元本の減額は、保証契約の主たる債務の元本額が上記公正証書記載の元本額の範囲内であり、そこで確認された保証意思に全て包摂される関係にあるといえる。そして、その相違は、保証予定者に不利益なものではない。したがって、保証意思宣明公正証書を作成し直した上であらためて保証契約を締結する必要はなく、このままで保証契約は有効というべきである。

ただし、保証意思宣明公正証書作成後に主たる債務者の返済能力に疑問が生じ、わずかの金額しか借りることができなくなり、そのために保証契約の主たる債務が大幅に減少したような場合には、先に宣明した保証意思の範囲内とはいえないのではないかとの疑問が生じ得る。この場合には、保証意思判断（特に保証リスク判断）の前提となる重要な事実関係に相違が生じたことにより、主たる債務が、保証意思宣明公正証書での宣明に係る保証意思に対応する主たる債務とは異質の債務の様相を呈しているといえるように思われ、したがって、現実の保証契約が先に保証意思宣明公正証書で宣明した保証意思の範囲内のものとはいえないと評価すべき場合もあり得ると思われる（なお、もはや主債務の同一性が失われていると判断される場合は、当該保証契約に対応する保証意思宣明公正証書が存在しないことになる。）。この場合は、元本額の減少にかかわらず、保証の周りの事情（外的な事情。端的には主たる債務者の弁済資力・信用状態）が大きく変わり、当初にはなかった保証のリスクが高まったことが問題となる。もっとも、このような保証意思宣明公正証書作成時と保証契約締結時との間にタイムラグがある場合には、その間に保証リスクの変動があり得ることは、一般論としては当初から想定できることであり、債務者の信用状態の悪化した場合になお保証契約を締結するかどうかは保証予定者の自主的判断に委ねられる部分が多いと思われる。そこで、保証予定者が、信用状態の悪化という事情の変化をも踏まえて、その自主的判断で保証契約を締結した場合には、原則どおり保証契約は有効と解するのが相当な場合が多いと考える。

②　保証契約の貸付元本額が保証意思宣明公正証書記載の元本額から増加した場合

増加した元本額部分については、保証意思宣明公正証書における保証意思の表明がないから、この増加部分の保証契約を有効とする余地はない。では、一部保証と解することで保証意思宣明公正証書記載の元本額の限度で保証契約を有効とすることは可能であろうか。保証予定者が負担する保証債務元本の金額自体に変更はなくても、主たる債務自体は増加しているから、保証意思宣明公正証書における保証予定者の不利益は事実上増加していると評することができるし、保証意思宣明公正証書で保証意思を確認しているのは同証書記載の元本額を前提とする保証意思にすぎないから、保証意思の確認の制度を創設した趣旨目的に照らしても一部保証として有効（保証意思宣明公正証書記載の元本の範囲で有効）との結論を採ることは相当ではないと思われる。したがって、保証契約の貸付元本額が保証意思宣明公正証書記載の元本額から増加した場合には、その保証契約は無効と解するのが相当である。ただし、保証意思宣明公正証書で一部保証であることが明示されている場合は、その趣旨にもよるが、保証意思宣明公正証書記載の明示された元本額を限度とする一部保証として有効と解することができる場合もあろう。

③　小　　括

結局、①元本額が減少したときには、原則として保証契約は有効であるが、②元本額が増加した場合には、保証契約の全部が無効というべきであろう。ただし①の場合に、債務者の信用状況の悪化により貸付元本額が大幅に減少したような事案では、保証リスク判断の前提事情の変化の観点からさらに検討すべき場合もあると解される。また、②の元本額の増加の場合においても保証リスク判断の前提事情が大きく変化したにもかかわらず一部保証の趣旨が明確な場合は、保証意思宣明公正証書記載の元本額を限度とする一部保証として有効と解される場合があり得よう。

(2)　利息の変動の場合

約定利息の利率の変更は、主たる債務者の債務負担額に影響を及ぼす。例えば、利率が年5パーセントから年10パーセントに変更された場合には、主たる債務者が利息の支払いに窮することもあり得ないではない。このような場合に、保証契約の利息約定を、保証意思宣明公正証書記載の利息の限度で有効としても、主たる債務者と債権者間の金銭消費貸借契約の利息が変更されるものではないから、主たる債務者の負担が軽減されるわけではない。すなわち、この場合には、保証予定者の保証リスクの判断資料に変更が生じたことになる。利息なしの約定が有利息になった場合も同様である。一部保証の趣旨が明確な場合は、保証意思宣明公正証書記載の利息を限度とする一部保証として有効と解される場合があり得よう。

そうすると、利息の場合も、元本の場合と同様に、減額された場合は問題がないとしても、増額された場合は、保証契約全体が原則として無効になると解するのが相当であろう。

(3) 損害金の変動の場合

① 損害金について、それが減額された場合には特段の問題はない。

② 損害金が増額された場合についてみると、損害金はそもそも主たる債務者が債務不履行をしない限り発生しないし、債権者には、主たる債務者が期限の利益を喪失した場合に保証人に対しその情報を提供する義務があり（民法458条の3第1項）、2か月以内に通知をしなかったときは、その間の損害金を保証人に請求できないことになっている（同条2項）。

損害金は法定口授事項ではあるが、利息が貸付全体のリスクに及ぶものであるのに対し、債務不履行後のいわば事後処理に属するものである。したがって、遅延損害金の増額変更による保証予定者の保証リスクは、利息の増加の場合ほど大きくはないといえそうである。しかし、保証リスクの増大はあり得ることであり、具体的な諸事情を考慮して、保証契約全体を無効とするほどの事態なのかどうか、一部保証と解する余地（保証意思宣明公正証書記載の損害金の限度で有効とする余地）などについても慎重に検討すべきである。

(4)　根保証について

①　極 度 額

極度額は、極めて重要な指標である。その内容からみて、通常の保証契約における元本額と同様に考えてよいと思われる。

②　元本確定期日

(ア)　元本確定期日が短縮されたときは、それによって保証リスクが高まるというべき特別の事情がなければ、保証意思宣明公正証書記載の保証意思に包摂されていると考えてよいと思われる。

民法は、元本確定期日の定めが５年を超えるときは無効であるとし、その場合の期間を３年に短縮しているが、短期については特に制限を設けていない（民法465条の３第２項）。このことからしても、民法は、保証期間が短縮される場合は、保証予定者に格別の不利益をもたらすものとはしていないと考えられる。なお、万一主たる債務者の資力が悪化して強制執行等が申し立てられるような事態が生じたときは、元本は確定することになる（民法465条の４第２項）。

(イ) 元本確定期日が延長されたときは、保証期間が長期化し通常は保証リスクが高まると思われるから、根保証契約は原則無効になると考えられる。

もっとも、元本確定期日の変更は、主たる債務の目的又は態様（民法448条1項参照）の変動ではなく、保証予定者が債権者と任意に締結した保証契約における合意そのものであること、保証意思宣明公正証書に記載された元本確定期日が3年を超え5年以内の場合、例えば同公正証書で4年とされていたものが保証契約で5年超とされた場合において、仮に、民法465条の3第1項の規定の趣旨から保証契約の元本確定期日の合意が無効になり、元本確定期日の定めは3年ということになるとすると、元本確定期日までの期間は保証意思宣明公正証書に記載の元本確定期日までの期間より短縮されることになるから、保証契約全体を無効にするまでもないと解される余地があるように思われる。

(ウ) なお、実務上は、個人根保証契約の元本の確定事由を規定する民法465条の4によって明らかなように、法律上認められた元本確定事由は、信用状態の悪化を示す事実である場合が多く、その意味では、元本確定事由は金銭債務の弁済期の到来に結びついているともいうことができる。しかし、元本確定期日は、法律上はあくまで元本を確定させる制度であり、債務の弁済期とは直接の関係はないから、本件の保証意思宣明公正証書と保証契約との相違の問題も、債務の弁済期の問題に基づき検討することは妥当ではない。

(エ) 以上によれば、保証契約で元本確定期日が短縮された場合は、保証契約は有効に成立するが、延長された場合は無効とするのが相当であると思われる。ただし、上記(イ)の例で保証契約の元本確定期日の合意が無効とされ、それが3年とされるということが承認されるとすれば、その場合は期間が短縮される場合に含まれ、保証契約は有効と解する余地がある。

③　利息・損害金等

利息・損害金等の変更は、極度額（いわゆる債権極度額。民法465条の２第１項）に影響を及ぼすものではないから、その変動は実質的には保証債務の加重には当たらないと解することもできる。しかし、保証リスク（主たる債務の不履行の可能性等）に対する判断に影響がないとは断定できない。根保証における利息・損害金等の変動については、保証契約を締結しようとするに当たっての保証意思の範囲内に含まれるかどうかを、保証意思宣明公正証書の作成が求められた法の趣旨に照らして判断するほかはない。

３　保証意思宣明公正証書の法定口授事項以外

法定口授事項以外にも、主たる債務の弁済期、弁済の方法（１回払いか、分割払いか、分割払いの場合の分割金額や回数）などの履行の態様は、保証意思確認の適切・有効な事情・資料となるものであり、公証人としては、通常このような事項を保証予定者に確認するであろうし、保証意思宣明公正証書に当該事項を記載する必要性がある場合も生ずる。したがって、保証意思宣明公正証書には法定外口授事項が記載されることも少なくないと想定され、それらの事項と保証契約の内容が異なる場合も生じ得る。

ところで、①保証意思宣明公正証書は保証契約の内容の全てを記載するものではないこと、②同公正証書は保証契約締結を予定して作成されるが、保証契約の締結を強制するものではないこと、③保証契約については、あくまで契約自由の原則が妥当し、同契約を締結するかどうか、締結する場合にどのような内容で締結するかは、保証予定者の自由意思に委ねられていることを前提にすると、保証契約において保証意思宣明公正証書記載事項とは異なる弁済方法等の約定がされた場合は、原則として、保証契約の内容どおりに同契約は成立すると解されるが、個別具体的事案において、保証意思判断の前提事情が変動し、その事情の変動が保証意思の有無の判断に重大な影響を及ぼすと考えられる程度のものである場合は、保証意思宣明公正証書で保証意思の表明を求めた法の趣旨からしても保証契約は無効となると解するのが相当である。

(1) 弁済期日、弁済方法について

① 弁済期日

弁済期日については、期日が早くなろうが遅くなろうが、それが変更された場合には、保証リスクに変動が生じるものと一般的には推測されるところである。もっとも、保証契約締結後、債務の弁済期を短縮することは加重に当たるが、弁済期の猶予（支払期の延長）は、猶予期間中に主たる債務者の信用が著しく悪化しため保証人の負担が増大したような場合であっても、加重には当たらないと解されている（旧注民（11）234頁、松嶋一重「保証債務（その1）」金法2012号51頁）。

しかし、弁済期日の変更は、法定口授事項とされる元本額や利息約定の変動に比べれば、保証リスクの変動は小幅であると推測される。そして、弁済期日は法定口授事項ではないので、保証意思宣明公正証書に記載がなければ、問題になる余地はないこと、また、保証契約は、保証意思宣明公正証書の作成を前提として締結されるが、その内容は、保証予定者と債権者が自

由意思に基づいて定めることができるものであることを考慮すると、保証意思宣明公正証書作成後の保証契約における弁済期日の変更が保証リスク等の判断に重大な影響を及ぼし保証意思宣明公正証書を作成する趣旨を没却すると認められる場合以外は、保証契約はその約定どおりに有効に成立すると解してよいと思われる。

②　弁済方法

弁済方法については、例えば、1,000 万円の借入について、100 万円ずつ 10 回に分割して支払うという条項が、10 万円ずつ 100 回に分けて支払うと変更される場合など、多様な場合が考えられる。ところが、上記の例では、どちらの保証リスクが高いかは、容易に判断することができない。ただし、保証意思宣明公正証書作成段階で保証予定者が保証する意思を固めていた際の基礎的な事情と、後に変更された弁済方法の前提となる基礎的な事情とが異なることから、弁済方法の変更がされた場合には、保証リスクの判断の前提事情に変動が生じたことになる。

他方では、この事項は法定の口授事項ではないので、保証意思宣明公正証書に記載がなければ問題にならないこと、保証契約の内容は保証予定者と債権者が自由意思に基づき定めることができることなどといった事情があるから、保証契約における弁済方法の変更が、保証リスク等の判断に重大な影響を及ぼし保証意思宣明公正証書を作成する趣旨を没却すると認められる場合以外は、保証契約はその約定どおり有効に成立すると解してよいと思われる。

(2) 期限の利益喪失条項

これについては、一般に期限の利益喪失条項は多岐にわたるので、保証意思宣明公正証書にも、何も記載しないか、「期限の利益喪失条項あり」程度にしか記載しない例も多いと思われ、そのように措置することが違法とはいえない。この場合は、食違いの問題は生じないと考えられる。

他方、仮に保証契約の内容が保証意思宣明公正証書記載の内容と一部異なっていても、期限の利益喪失条項は、保証意思宣明公正証書の法定口授事項ではないこと、期限の利益喪失条項の重要性は法定口授事項に比して低いと思われること、保証契約の細部は契約自由の範囲内といえることなどの事情に照らすと、(1) と同様に、特別の事情のない限り、保証契約どおりの期限の利益喪失条項の効力を有すると解してよいと思われる。

(3) 保証契約締結日

保証契約締結日が保証意思宣明公正証書に記載されている場合において、これと異なる日時に保証契約が締結された場合でも、1か月以内なら有効とすることで異論はないと考えられる。なお、この点を保証意思宣明公正証書に記載する場合は、「保証契約締結予定日」としておけば、予定日が変更されたときにも、対応できる記載になると考えられる。

4 まとめ

以上、保証契約と保証意思宣明公正証書との間の相違の問題について、一応の検討をしてきたが、両者の食違いが、諸事情を総合勘案した上で、保証意思宣明公正証書により宣明された保証意思に包摂される関係にあれば、保証契約の無効を惹起するものではないということになる。

(1) 包摂関係にあるか否かの一つの判断基準として、保証予定者の負担を重くするか軽くするかという基準ないし指標を使う手法は、早くから主張されてきた（松嶋一重「保証債務（その1)」金法2012号49頁、潮見Ⅱ775・776頁)。保証意思宣明公正証書の趣旨・目的は、端的にいえば保証予定者の利益保護であるから、内容の変更により保証人の負担が数字的に重くなるか否かという基準は、一つの有効な基準といえる。ただし、返済期日とか返済方法などの事項の変更については、数量的な軽重判断が困難な場合があり、保証の決断をするに当たり前提となった諸事情が変動することにより保証リスクを増大させたり減少させたりするのではないかとの、いわば保証リスクの増減を検討する考え方が有効な基準となる場合があるように思われる。

(2) 法定口授事項以外の事項の場合は、法定口授事項を前提に確認された保証意思に基づき保証契約を締結するに際し、保証予定者が保証契約の細部（履行方法等）を変更した場合に、どこまで保証契約の効力を制約するのが法（民法465条の6）の趣旨に添うものか、という点も重要な判断指針になる。

保証意思宣明公正証書の作成は、保証意思の確認手続であるにすぎず、同証書は保証契約の内容自体を記載するものではないし、保証契約を締結するよう保証予定者を拘束するものでもない。そうすると、債務の支払期日や支払方法といったいわば債務の履行態様に関する変更は保証人が負担すべき債務総額への影響は少なく、また、その履行態様でもよいとの判断の下に保証契約を締結するものであるから、これらの変更は原則として保証契約の効力を左右しないが、個人保証の情誼性・未必性・軽率性に照らすと契約自由の原則を強調することは相当でなく、その変更が、保証リスク等の判断に重大な影響を及ぼし保証意思確認を求めた保証意思宣明公正証書作成の趣旨を没却すると認められるような場合、保証契約は無効となると解すること（原則有効・例外無効説）も可能である。反対に、保証意思宣明公正証書の記載内容と異なること及び保証リスクの判断の前提となった事情の変更があったということには変わりはないから、保証契約は原則無効とし、上記のような債務の履行態様は保証人が負担すべき債務総額への影響は少なく、その意味では保証リスク判断への影響も限定的であることや保証人が変更された内容を了知の上で保証契約を締結していることから、保証リスクの判断に看過できない事情の変更がない場合には保証契約は有効に成立する（原則無効・例外有効説）と解することも可能と思われる。本項は、原則有効説に立って記述しているが、いずれの立場でも、立証責任の所在の点を除けば、結論にそれほどの差異はないように思われる。

第3　各種文例（参考記載例）

公証人は、保証予定者が保証意思を有することの確認ができ、保証意思の宣明がされた場合は、保証意思宣明公正証書を作成する。その具体的形式・書式については、法定のものがある訳ではないので、嘱託を受けた公証人がその見識に基づいて作成することになる。しかし、全国的に文例が区々になることは好ましくなく、いずれ日本公証人連合会等により一定の文例が提示されるものと思われる。

以下に、今回検討した保証意思宣明公正証書の文例を記載するが、これらは参考例にすぎない。なお、末尾に質問事項書・回答書の文例も参考例として掲げておくことにする。

Ⅰ　保証意思宣明公正証書文例

文例1・単純保証（1）

文例2・単純保証（2）

文例3・連帯保証

文例4・連帯根保証（1）

文例5・連帯根保証（2）

Ⅱ　質問事項書兼回答書文例

文例1・単純保証（1）

文例2・単純保証（2）

文例3・連帯保証

文例4・連帯根保証

Ⅰ　保証意思宣明公正証書文例

（文例１・単純保証の場合）

保証意思宣明公正証書

本公証人は、平成○○年○月○○日、保証意思宣明者（保証予定者）○○○○の嘱託に基づき、同人の口述を筆記して、この証書を作成する。

第１条（保証意思の表明）

保証意思宣明者は、主たる債務者（借主）△△△△がその事業のため債権者（貸主）□□□□から借り入れ負担する別紙「金銭消費貸借契約目録」記載の主たる債務元本、主たる債務に関する利息、違約金、遅延損害金債務及びその他その債務に従たる全てのもの（以下、これらの債務を併せて「本件債務」という。）につき、債権者に対し保証し、主たる債務者の負う本件債務と同一内容、同一態様の保証債務を負担する意思を有していることを表明する。なお、保証契約締結予定日は、平成○年○月○日である（本日から１か月以内の日である。）。

第２条（保証債務履行意思の表明）

保証意思宣明者は、本件債務について、弁済期が到来した場合、又は期限の利益の喪失事由が生じた場合は、主たる債務者の債権者に対する本件債務と同額の保証債務を履行する意思を有していることを表明する。

本　旨　外　要　件

（住所）○○県○○市○○町○丁目○番○号
　　（職業）（会社員など）
　　保証意思宣明者　　　　　　　　○　○　○　○
　　　　　　　　　　　　　　　　　昭和○年○月○日生

上記の者は、印鑑登録証明書の提出により、人違いでないことを証明させた。

以上の各事項を嘱託人（保証意思宣明者）○○○○に閲覧させ、読み聞かせたところ、嘱託人は筆記の正確なことを承認し、次に署名押印した。

○　○　○　○　　　印

この証書は、平成○○年○月○○日に、本公証人役場において、民法第465条の６第２項第１号から第３号までの規定に従って作成し、同条第２項第４号に従って本公証人は次に署名押印する。

○○県○○市○○町○丁目○番○号　　　（○○公証役場）
　　○○法務局所属
　　　公証人　○　○　○　○　　　印

嘱託人の請求により、前同日、正本１通を交付した。

○○県○○市○○町○丁目○番○号　　　（○○公証役場）
　　○○法務局所属
　　　公証人　○　○　○　○　　　印

（別紙）

金銭消費貸借契約目録

1　貸主

（本店所在地）　　　　○○県○○市○○町○丁目○番○号

（名称・代表者氏名）○○株式会社　　代表取締役○○○○

2　借主

（住所）　　○○県○○市○○町○丁目○番○号

（氏名）　　○○○○

3　借受元本　　金○○万円

4　利息　　　　　　　年○％

5　遅延損害金　　　　年○％

6　違約金　　　　　　定めなし

7　損害賠償　　　　　定めなし

8　その他主たる債務に従たる全てのもの　　　定めなし

9　元本の支払日（又は支払方法）

（支 払 日）平成○年○月○日

（支払方法）平成○年○月から平成○年○月まで、毎月末日限り○万円を支払う。

10　期限の利益喪失条項

借主△△△△は、上記分割金の支払を怠りその額が2回分に達したときは、貸主□□□□からの通知催告がなくても当然に期限の利益を失い、貸主に対し元本金○○円（既払金があるときはこれを控除した残金）を直ちに支払う。

【参考事項】

本文例１は、単純保証に関するものである。法定口授事項については、項目を列挙した上で、当該項目に関する定めがあるかないかも記載している。当該項目に関する定めがない場合には、定めなしと記載するのが相当である。定めがないときは、その項目自体を記載しないという方法でこれを表現することも考えられなくもないが、当該項目について保証予定者の意思確認がなされていることを明確にするためにも「定めがない」ことを明示しておくのが適切である。また、本文例のような記載方法は、チェックリストの性格をも有することになる。

なお、口授事項については、法定口授事項及び法定外口授事項とも、記載事項を公証人が抽出した上で別紙の「金銭消費貸借目録」に記載する形をとっている。事案によっては、債権者と主たる債務者との間の「金銭消費貸借契約書」の写しを添付する方法も考えられるところである。

(1)　利　　息

利息は、金銭消費貸借契約によって発生するものではなく、特約（利息契約）によって発生する（民法589条）。商人間の金銭消費貸借契約でない限り、特約がなければ利息は発生しないことは明らかであるが、保証意思宣明公正証書の関係では利息の有無についての口授を要するから、引用する別紙の「金銭消費貸借目録」には、利息の約定がないか利息ゼロの合意がある場合においても、その旨の記載をしておかなければならない。

また、利率については、利息を生ずべき債権について別段の意思表示がなければ、利息が発生した最初の時点（金銭を受け取った日）における法定利率によるものとされ、法定利率は当面年３パーセントであるが、将来変動する可能性があるので、金銭を受け取った時点が確認できればその時点での法定利率を記載することになる（民法404条、589条）。

(2) 遅延損害金

遅延損害金は、履行遅滞に基づく損害賠償であり、金銭債務については特則がある（民法419条）。損害金について約定がない場合には、「約定なし」と記載するか、「民法419条1項の法定利率」と記載することになろう。なお、損害金に関する約定利率が法定利率を上回ったときは約定利率によるとされている（民法419条1項但書）。反対に、約定利率が法定利率を下回る場合には、その約定どおりの記載をすることになろう（債権者が法定利率と約定利率との差額分の損害金を放棄することは可能と思われるから、この約定は約定どおりの効力があると解してよいと考える。）。

(3) 債務の弁済期、弁済方法、期限の利益喪失条項等

債務の弁済期、弁済方法、期限の利益喪失条項などは、法定の口授事項ではないから、絶対的記載事項ではない。しかし、保証意思の確認に際しては、保証予定者からこれらの事項について口授があることも少なくないであろう。これを証書に記載する場合には、本文に記載してもよいし、別紙の「金銭消費貸借契約目録」等に記載してもよい。

もっとも、これらの事項が保証意思宣明公正証書に記載された場合に、後に締結される保証契約における主たる債務の返済方法（分割支払の回数など）等との間に相違が生ずることがあり得る。そのような場合、保証契約は無効となるのか、それともその相違の程度によって保証契約の効力に対する影響が異なるのかなど検討すべき課題が残る。なお、期限の利益喪失条項が長文、複雑多岐にわたるような場合は、その全てを記載するまでの必要はなく、「利益喪失条項あり」とのみ記載する扱い

でもよいであろう。

(4)　その他その債務に従たる全てのもの

第１条の「その他その債務に従たる全てのもの」とは、保証債務の範囲について規定する民法447条１項の「その他その債務に従たるすべてのもの」と同義である。同項の債務にどのようなものが含まれるのかについては、判例学説において完全には一致していないが、解約申入れの費用、契約締結の費用、催告の費用等で主たる債務者の負担に帰すべきものは、保証責任が及ぶとされている（旧注民（11）225頁）。

これをどのように記載するのかはいささか問題である。個別具体的に定めがされていればそれを記載することになるが、別段の合意がなければ「定めなし」と記載することになろうか。もっとも、明示の反対の意思表示がない限り、「その他その債務に従たる全てのもの」については、民法447条１項の規定によることになり、それらは主たる債務者の債務に含まれ、保証債務に包含されることになろう。そうすると、明示の意思表示がある場合にはそれを記載するが、それがない場合には「定めなし」としておくことでよいと考える。

(5)　保証契約締結予定日

保証契約締結予定日については、記載しなければならないものではない。記載する場合は、確定期日が決まっていればその日時を記載し、未定の場合は本日から１か月以内の日とするほかない。しかし、保証契約が有効になるための要件は、保証契約の締結の日前１か月以内に保証意思宣明公正証書が作成されている事実であり、同公正証書の作成の日は証書に明らかであるから、同公正証書に保証契約締結予定日を記載する法律的な意味はない。

（文例２・単純保証の場合）

保証意思宣明公正証書

本公証人は、平成○○年○月○○日、保証意思宣明者（保証予定者）○○○○の嘱託に基づき、その口述を筆記して、この証書を作成する。

第１条（保証意思の宣明）　保証意思宣明者は、借主（主たる債務者）△△△△がその事業のために貸主（債権者）□□□□に対し負担する債務（以下「主たる債務」という。）の保証について、以下のとおり民法第465条の６で定める保証債務を負担する意思を表明する。

第２条（保証債務履行意思の宣明）　保証意思宣明者は、主たる債務の貸主及び借主、主たる債務の元本、主たる債務に対する利息、違約金、損害賠償その他その債務に従たる全ての債務の定めが以下のとおりであること、主たる債務者がその債務を履行しないときは、保証意思宣明者においてその債務の全額についてこれを履行する意思があることを表明する。

記

貸主（債権者）住所　○○県○○市○○町○丁目○番○号
□□□□
借主（債務者）　住所　○○県○○市○○町○丁目○番○号
△△△△

元本　　　〇〇万円
利息　　　年〇％
損害金　　年〇％
その他主たる債務に従たる全てのもの　　　定めなし

本　旨　外　要　件

（住所）〇〇県〇〇市〇〇町〇丁目〇番〇号
（職業）（会社員など）
保証意思宣明者　　　　　　　〇　〇　〇　〇
昭和〇年〇月〇日生

上記の者は、印鑑登録証明書の提出により、人違いでないことを証明させた。

以上の各事項を嘱託人（保証意思宣明者）〇〇〇〇に閲覧させ、読み聞かせたところ、嘱託人は筆記の正確なことを承認し、次に署名押印した。

〇　〇　〇　〇　　㊞

この証書は、平成〇〇年〇月〇〇日に、本公証人役場において、民法第465条の6第2項第1号から第3号までの規定に従って作成し、同条第2項第4号に従って本公証人は次に署名押印する。

〇〇県〇〇市〇〇町〇丁目〇番〇号　　（〇〇公証役場）
〇〇法務局所属
公証人　〇　〇　〇　〇　　㊞

嘱託人の請求により、前同日、正本１通を交付した。

○○県○○市○○町○丁目○番○号　　　　（○○公証役場）

　　○○法務局所属

　　　　公証人　○　　○　　○　　○　　　　㊞

【参考事項】

本文例２は、法定口授事項を本文中に記載したものである。この文例では、内容が簡潔になり、理解しやすい内容になっているといえる。

なお、「その他主たる債務に従たる全てのもの」については、文例１の【参考事項】の（4）を参照されたい。

（文例３・連帯保証の場合）

連帯保証意思宣明公正証書

本公証人は、平成○○年○月○○日、保証意思宣明者（保証予定者）○○○○の嘱託に基づき、同人の口述を筆記して、この証書を作成する。

第１条（連帯保証意思の宣明）

保証意思宣明者は、別紙「金銭消費貸借契約目録」記載の金銭消費貸借契約に基づき、主たる債務者△△△△が債権者□□□□から借り入れ負担する債務元本、主たる債務に関する利息、違約金、遅延損害金及びその他その主たる債務に従たる全てのもの（以下、これらの債務を併せて「本件債務」という。）につき、債権者に対し、主たる債務者と連帯して保証し、連帯保証人として、主たる債務者の負う本件債務と同一内容、同一態様の保証債務を負担する意思を有していることを表明する。

第２条（保証債務履行意思の宣明）

保証意思宣明者は、本件債務について、弁済期が到来した場合、又は期限の利益の喪失事由が生じた場合は、債権者が主たる債務者に対して催告をしたかどうか、主たる債務者が本件債務を支払うことができるかどうか、又は他に保証人や物的担保があるかどうかにかかわらず、主たる債務者の本件債務と同額の保証債務を主たる債務者と連帯して履行する意思を有していることを表明する。

本　旨　外　要　件

（住所）○○県○○市○○町○丁目○番○号
（職業）○○
保証意思宣明者　　　　○　○　○　○
昭和○○年○○月○日生

上記の者は、印鑑登録証明書の提出により、人違いでないことを証明させた。

以上の各事項を嘱託人○○○○に閲覧させ、読み聞かせたところ、嘱託人は筆記の正確なことを承認し、次に署名押印した。

○　○　○　○　㊞

この証書は、平成○○年○月○○日に、本公証役場において、民法第465条の６第２項第１号から第３号までの規定に従って作成し、同項第４号に従って本公証人は次に署名押印する。

○○県○○市○○町○丁目○番○号　　（○○公証役場）
○○法務局所属
公　証　人　　○　○　○　○　㊞

嘱託人○○○○の請求により、前同日、正本１通を交付した。

○○県○○市○○町○丁目○番○号　　（○○公証役場）
○○法務局所属
公　証　人　　○　○　○　○　㊞

（別紙）

金銭消費貸借目録

1　債権者（貸主）
　本店所在地　　○○県○○市○○町○丁目○番○号
　名称（商号）　○○○○株式会社

2　債務者（借主）
　住所　　　　　○○県○○市○○町○丁目○番○号
　氏名　　　　　○○○○

3　借受元本　　○○○万円

4　利息　　　　年○％

5　違約金　　　定めなし

6　遅延損害金　年○％

7　その他主たる債務に従たる全てのもの　　弁済の費用、契約締結の費用

【参考事項】

(1)　本文例３は連帯保証に関するものである。

(2)　連帯保証は、保証人が主たる債務者と連帯して債務を負担する旨を合意した保証である。保証契約書に「連帯保証」である旨が記載されていればよい。

取引社会における保証は、通常ほとんどの場合連帯保証だとされている（内田354頁）。

(3)　連帯保証人には、催告・検索の抗弁権がない（民法452条、453条）。

本文例の本文第２条は、このことを明確にする内容である。そして、この記載内容は、民法第465条の６第２項１号イ、ロの法文によっている。

(4)　口授事項を記載するための目録は、事案の性質・内容により、債権者・債務者間の金銭消費貸借契約書等の写しを添付する方法も可能である。この場合には、本文第１条の「別紙『金銭消費貸借契約目録』記載の金銭消費貸借契約に基づき」との部分を、「別紙『金銭消費貸借契約書』の写しに基づき」などと訂正することになろう。実際の契約書の写しを添付する方法については、文例５（184頁）も参照されたい。

（文例４・連帯根保証の場合）

連帯根保証意思宣明公正証書

本公証人は、平成〇〇年〇月〇〇日、保証意思宣明者〇〇〇〇（以下「甲」という。）の嘱託に基づき、同人の口述を筆記して、本証書を作成する。

第１条（主たる債務と連帯根保証意思の宣明）

甲は、別紙「主たる債務目録」記載の債権者（以下「乙」という。）と主たる債務者（以下「丙」という。）間で締結される基本取引契約（以下「基本取引契約」という。）に基づき丙が乙に対して負担する一切の債務（以下「本件主たる債務」という。）につき、極度額〇〇万円の限度において、元本確定期日（平成〇〇年〇月〇日）又はその他元本を確定すべき事由が生ずる時までに生ずべき主たる債務の元本及び主たる債務に関する利息、違約金、損害賠償その他その債務に従たる全ての債務について、乙に対し、丙と連帯して保証し、連帯保証人として、丙の負担する本件主たる債務と同一態様、同一内容の根保証債務を負担する意思を有することを表明する。

第２条（連帯根保証債務履行意思の宣明）

甲は、本件主たる債務に係る基本取引契約及びこれに付随する合意の内容に関する上記「主たる債務目録」記載の内容を理解した上、本件主たる債務について履行期が到来した場合若しくは期限の利益の喪失事由が発生した場合には、乙が丙に対して催告をしたかどうか、丙が上記各債務を支払うことができるかどうか、又は他に保証人や物的担保があるかどうかにかかわらず、丙の乙に対する本件主たる債務と同額の保証債務を履行する意思を有していることを表明する。

本　旨　外　要　件

（住所）○○県○○市○○町○丁目○番○号

（職業）○○

保証意思宣明者　　　　○　○　○　○

昭和○○年○○月○日生

上記の者は、印鑑登録証明書の提出により、人違いでないことを証明させた。

以上の各事項を嘱託人○○○○に閲覧させ、読み聞かせたところ、嘱託人は筆記の正確なことを承認し、次に署名押印した。

○　○　○　○　㊞

この証書は、平成○○年○月○○日に、本公証役場において、民法第465条の6第2項第1号から第3号までの規定に従って作成し、同項第4号に従って本公証人は次に署名押印する。

○○県○○市○○町○丁目○番○号　　（○○公証役場）

○○法務局所属

公　証　人　　○　○　○　○　㊞

嘱託人○○○○の請求により、前同日、正本１通を交付した。

○○県○○市○○町○丁目○番○号　　　（○○公証役場）

　　○○法務局所属

　　公　証　人　　　　○　○　○　○　㊞

（別紙）

主たる債務目録

(1)　基本取引契約の目的
債務者（丙）の事業の用に供する資金調達
(2)　債権者（乙）
住所（本店所在地）○○県○○市○○町○丁目○番○号
名称　○○株式会社
代表取締役　○　○　○　○
平成○○年○月○日生
(3)　主たる債務者（丙）
住所　○○県○○市○○町○丁目○番○号
職業
氏名　○　○　○　○
平成○○年○月○日生
(4)　主たる債務の範囲
①　乙丙間の継続的金融取引契約により発生する借入金債務
（上記契約の締結日から○年間）
②　貸付限度額　○○○万円（随時貸渡し）
③　利　息　年○％
④　違約金　定めなし
⑤　遅延損害金　年○○％
⑥　その他その債務に従たる全てのもの　定めなし
(5)　支払期及び支払方法
毎年６月末日及び12月末日限りその時までの借受元本及び既発生の約定利息金を甲の指定口座に振り込む方

法により支払う。

(6) 期限の利益の喪失及び支払い

乙は、上記期日における支払いを2回連続して一部でも遅滞したときは、甲からの通知催告を要せず、当然に期限の利益を喪失し、甲に対し、元金から既払金を控除した残金を直ちに支払う義務を負う。

(7) 遅延損害金の支払い

丙は、支払期限を徒過し若しくは期限の利益を喪失したときは、乙に対し、期限の翌日若しくは期限の利益を喪失した日の翌日からいずれも支払済みまで、支払うべき元金に対する約定遅延損害金を支払う義務を負う。

【参考事項】

(1)　本文例４は、連帯根保証に関する文例である。

(2)　根保証契約においては、主たる債務の範囲に、主たる債務が事業のために負担した貸金等債務が含まれていることが必要である（民法465条の６第１項）。そして、根保証契約による責任が及ぶ主たる債務の範囲が、明確に定められていることが必要である。例えば、「乙丙間の平成〇〇年〇月〇日付け継続的商品売買契約に基づく丙の乙に対する代金支払債務」、というような記載になる。

（文例５・連帯根保証の場合）

連帯根保証意思宣明公正証書

本公証人は、平成○○年○月○○日、連帯根保証意思宣明者○○○○（以下「保証意思宣明者」という。）の嘱託に基づき、同人の口述を筆記して、本証書を作成する。

第１条（主たる債務と連帯根保証意思の宣明）　保証意思宣明者は、主たる債務者○○○○がその事業のため負担する貸金等債務の連帯根保証について、次条のとおり、民法465条の６で定める保証意思の宣明をする。

第２条（連帯根保証債務履行意思の宣明）　保証意思宣明者は、主たる債務の債権者及び債務者、主たる債務の範囲、根保証契約における極度額、元本確定期日の定めの有無及びその内容、主たる債務者がその債務を履行しないときには、その極度額の限度において元本確定期日又は民法第465条の４第１項各号若しくは第２項各号に掲げる事由その他元本を確定すべき事由が生ずる時までに生ずべき主たる債務の元本及び主たる債務に関する利息、違約金、損害賠償その他その債務に従たる全てのものについての定めの内容が別紙「基本契約書」（写し）のとおりであることを表明した上、債権者が主たる債務者に対して催告したかどうか、主たる債務者がその債務を履行することができるかどうか、又は他に保証人がいるかどうかにかかわらず、保証意思宣明者において、極度額の限度で主たる債務を履行する意思を有していることを表明する。

本　旨　外　要　件

（住所）○○県○○市○○町○丁目○番○号
　　（職業）○○
　　保証意思宣明者　　　　　　　○　○　○　○
　　　　　　　　　　　　　　　昭和○○年○○月○日生

上記の者は、印鑑登録証明書の提出により、人違いでないことを証明させた。

以上の各事項を嘱託人○○○○に閲覧させ、読み聞かせたところ、嘱託人は筆記の正確なことを承認し、次に署名押印した。

○　○　○　○　㊞

この証書は、平成○○年○月○○日に、本公証役場において、民法第465条の6第2項第1号から第3号までの規定に従って作成し、同項第4号に従って本公証人は次に署名押印する。

○○県○○市○○町○丁目○番○号　　　（○○公証役場）
　○○法務局所属
　　公　証　人　　　　○　○　○　○　㊞

嘱託人○○○○の請求により、前同日、正本1通を交付した。

○○県○○市○○町○丁目○番○号　　　（○○公証役場）
　　○○法務局所属

公　証　人　　　　○　　○　　○　　○　㊞

（別紙）　基本契約書（写し）〈略〉

【参考事項】

本文例５は、主たる債務の基本契約や根保証契約の内容が確定していて、それを引用する場合の文例である。契約書が整備されていることを前提に、保証意思宣明公正証書では民法465条の６第２項１号ロを記述する内容となる。この場合は、将来締結される保証契約の内容と保証意思宣明公正証書作成の際の保証予定者の口授内容に食違いが生じることはないので、確認内容は別紙契約書内容を全面引用し、本文は法条の文言を記載する形式によっている。

Ⅱ　質問事項書兼回答書文例

（文例１・単純保証の場合）

質問事項書兼回答書

嘱託人○○○○様　　　　○○公証役場　公証人　○○○○

あなたからされた保証意思宣明公正証書作成の嘱託に関し、質問事項書兼回答書をお送りします。これに直ちに回答事項を記載して、当職までファックス、郵便、メール等により、お送りください。なお、この回答書は、今後の手続を適正・迅速に進めるために作成をお願いするものです。ご協力をお願いします。
（記載するスペースが足りない場合は、適宜余白を利用してください。）

1　金銭消費貸借契約・保証契約締結日（予定日）
：平成　　年　　月　　日

2　当事者（個人、法人の該当する方を○で囲む。）
(1)債権者　個人・法人：氏名又は名称
：住所
：代表者氏名（法人の場合）
(2)債務者　個人・法人：氏名又は名称
：住所
：代表者氏名（法人の場合）

3　主たる債務の元本額：

4　利息の定め（4～7は、有、無の該当する方を○で囲み、有の場合にはその内容を記載する。）

：　有　又は　無　、有の場合の内容

5　違約金の定め　：　有　又は　無　、有の場合の内容

6　損害金の定め　：　有　又は　無　、有の場合の内容

7　主たる債務に従たる全てのもの（契約締結費用等）の定め

：　有　又は　無　、有の場合の内容

8　保証債務を履行する意思

保証人は、主たる債務者がその債務を履行しないときは、その債務の全額を履行しなければなりません。あなたは、このことを理解した上で保証をしますか。次の(1)又は(2)の該当する方を○で囲んでください。

(1)　理解した上で保証する。　　(2)　それ以外

9　質問、意見等

10　嘱託人（保証予定者）

氏　　名

住　　所

生年月日（大正・昭和・平成）　　年　　月　　日

本回答書作成日　　平成　　年　　月　　日

(文例2・単純保証の場合)

質問事項書兼回答書

嘱託人○○○○様　　　○○公証役場　公証人　○○○○

保証意思宣明に関して、「あなたが、これからしようとしている保証契約」について、以下のことをお答えください。

第1　当事者について

1　債権者の住所・氏名(法人の場合は、本店所在地・代表者氏名)

住所

氏名

生年月日(分かっていれば記載)

2　債務者の住所・氏名(法人の場合は、本店所在地・代表者氏名)

住所

氏名

生年月日(分かっていれば記載)

第2　保証契約について

1　保証契約締結予定日

2　債務の内容について

((2)～(5)については、有無を○で囲み、有の場合はその内容を記載してください。)

(1)　主たる債務の元本額

(2)　利息の定め　有・無
(3)　違約金の定め　有・無
(4)　損害賠償（遅延損害金）の定め　有・無
(5)　その他、債務に従たる全てのもの（上記（1)～(4) 以外で、保証の対象となっているもの、例えば債務者が負担すべき契約締結費用などがあれば記載してください。)　有・無

第３　保証債務を履行する意思について

保証人は、主たる債務者がその債務を履行しないときは、その債務の全額を履行しなければなりません。あなたは、このことを理解した上で保証をしますか。次の(1)又は(2)の該当する方を○で囲んでください。

(1)　理解した上で保証する。
(2)　理解が不十分なので説明してほしい。

第４　その他、質問、意見等があれば記載してください。

【参考事項】

この文例２は、文例１とほぼ同様であるが、質問事項書は、法定の口授事項を中心に構成されている。主たる債務発生原因事実（金銭消費貸借契約）の内容などその他に確認すべき事項もあるが、当初の作成嘱託依頼段階での質問事項は、あまり詳細にする必要はないとの前提に立っている。

（文例３・連帯保証の場合）

質問事項書兼回答書

嘱託人○○○○様　　　　○○公証役場　公証人　○○○○

あなたからされた保証意思宣明公正証書作成の嘱託に関し、質問事項書兼回答書をお送りします。これに直ちに回答事項を記載して、当職までファックス、郵便、メール等により、お送りください。なお、この書面は、今後の手続を適正・迅速に進めるために作成をお願いするものです。ご協力をお願いします。
（記載するスペースが足りない場合は、適宜余白を利用してください。）

１　金銭消費貸借契約・保証契約締結日（予定日）
：平成　　年　　月　　日
２　当事者（個人、法人の該当する方を○で囲む。）
(1)債権者　個人　法人：氏名又は名称
：住所
：代表者氏名（法人の場合）
(2)債務者　個人　法人：氏名又は名称
：住所
：代表者氏名（法人の場合）
３　主たる債務の元本額：
４　利息の定め（４～７は、有、無の該当する方を○で囲み、有の場合にはその内容を記載する。）
：　有　又は　無　、有の場合の内容

5　違約金の定め　：　有　又は　無　、有の場合の内容

6　損害金の定め　：　有　又は　無　、有の場合の内容

7　主たる債務に従たる全てのもの（契約締結費用等）の定め

：　有　又は　無　、有の場合の内容

8　保証債務を履行する意思

保証人は、主たる債務者がその債務を履行しないときは、その債務の全額を履行しなければなりません。また、連帯保証人は、①債権者が主たる債務者に催告をしたかどうか、②主たる債務者がその債務を履行できるかどうか、③他に保証人があるかどうかにかかわらず、主たる債務の全額を履行しなければなりません。

あなたは、これらのことを全て理解した上で保証をしますか。次の⑴又は⑵の該当する方を○で囲んでください。

⑴　理解した上で保証する。　⑵　それ以外

9　質問、意見等

10　嘱託人（保証予定者）

氏　　名

住　　所

生年月日　（大正・昭和・平成）　年　月　日

本回答書作成日　平成　年　月　日

（文例４・連帯根保証の場合）

質問事項書兼回答書

嘱託人○○○○様　　　　○○公証役場　公証人　○○○○

あなたからされた保証意思宣明公正証書作成の嘱託に関し、質問事項書兼回答書をお送りします。これに直ちに回答事項を記載して、当職までファックス、郵便、メール等により、お送りください。なお、この書面は、今後の手続を適正・迅速に進めるために作成をお願いするものです。ご協力をお願いします。
（記載するスペースが足りない場合は、適宜余白を利用してください。）

1　基本取引契約があれば　締結日（締結予定日）
　平成　　年　　月　　日
　　基本取引契約の目的
2　当事者（個人、法人の該当する方を○で囲む。）
　(1)債権者　個人　法人：氏名又は名称
　　　　　　　　　　　：住所
　　　　　　　　　　　：代表者氏名（法人の場合）
　(2)債務者　個人　法人：氏名又は名称
　　　　　　　　　　　：住所
　　　　　　　　　　　：代表者氏名（法人の場合）
3　主たる債務の範囲（保証の対象になる債務の種類）
4　極度額
5　元本確定期日の定め：　有　又は　無　、有の場合の内容

6　利息の定め（6～9は、有、無の該当する方を○で囲み、有の場合にはその内容を記載する。）

：　有　又は　無　、有の場合の内容

7　違約金の定め：　有　又は　無　、有の場合の内容

8　損害金の定め：　有　又は　無　、有の場合の内容

9　その他主たる債務に従たる全てのもの（契約締結費用等）の定め

：　有　又は　無　、有の場合の内容

10　支払期及び支払方法

11　期限の利益の喪失条項：　有　又は　無

12　保証債務を履行する意思

連帯根保証人は、主たる債務者がその債務を履行しないときは、その債務の全額を履行しなければなりません。また、連帯根保証人は、①債権者が主たる債務者に催告をしたかどうか、②主たる債務者がその債務を履行できるかどうか、③他に保証人があるかどうかにかかわらず、主たる債務の全額を履行しなければなりません。あなたは、このことを理解した上で保証をしますか。次の(1)又は(2)の該当する方を○で囲んでください。

(1)　理解した上で保証する。　　　(2)　それ以外

13　質問、意見等

14　嘱託人
　氏　　名
　住　　所
　生年月日（大正・昭和・平成）　　　年　　月　　日
　本回答書作成日　　　　　　平成　　年　　月　　日

＜付録＞　保証債務の条文―新旧対照表

（網かけゴシック体＝改訂部分）

新法	旧法
第5款　保証債務	第4款　保証債務
第1目　総　　則	第1目　総　　則
（保証人の責任等） 第446条　保証人は、主たる債務者がその債務を履行しないときに、その履行をする責任を負う。 2　保証契約は、書面でしなければ、その効力を生じない。 **3　保証契約がその内容を記録した電磁的記録によってされたときは、その保証契約は、書面によってされたものとみなして、前項の規定を適用する。**	（保証人の責任等） 第446条　保証人は、主たる債務者がその債務を履行しないときに、その履行をする責任を負う。 2　保証契約は、書面でしなければ、その効力を生じない。 3　保証契約がその内容を記録した電磁的記録（電子的方式、磁気的方式その他人の知覚によっては認識することができない方式で作られる記録であって、電子計算機による情報処理の用に供されるものをいう。）によってされたときは、その保証契約は、書面によってされたものとみなして、前項の規定を適用する。
（保証債務の範囲） 第447条　保証債務は、主たる債務に関する利息、違約金、損害賠償その他その債務に従たる**全て**のものを包含する。	（保証債務の範囲） 第447条　保証債務は、主たる債務に関する利息、違約金、損害賠償その他その債務に従たるすべてのものを包含する。

新　法	旧　法
2　保証人は、その保証債務についてのみ、違約金又は損害賠償の額を約定することができる。	2　保証人は、その保証債務についてのみ、違約金又は損害賠償の額を約定することができる。
（保証人の負担と主たる債務の目的又は態様）	（保証人の負担が主たる債務より重い場合）
第448条　保証人の負担が債務の目的又は態様において主たる債務より重いときは、これを主たる債務の限度に減縮する。	第448条　保証人の負担が債務の目的又は態様において主たる債務より重いときは、これを主たる債務の限度に減縮する。
2　主たる債務の目的又は態様が保証契約の締結後に加重されたときであっても、保証人の負担は加重されない。	（新設）
（取り消すことができる債務の保証）	（取り消すことができる債務の保証）
第449条　行為能力の制限によって取り消すことができる債務を保証した者は、保証契約の時においてその取消しの原因を知っていたときは、主たる債務の不履行の場合又はその債務の取消しの場合においてこれと同一の目的を有する独立の債務を負担したものと推定する。	第449条　行為能力の制限によって取り消すことができる債務を保証した者は、保証契約の時においてその取消しの原因を知っていたときは、主たる債務の不履行の場合又はその債務の取消しの場合においてこれと同一の目的を有する独立の債務を負担したものと推定する。
（保証人の要件）	（保証人の要件）
第450条　債務者が保証人を立	第450条　債務者が保証人を立

新　法

てる義務を負う場合には、その保証人は、次に掲げる要件を具備する者でなければならない。

一　行為能力者であること。

二　弁済をする資力を有すること。

2　保証人が前項第２号に掲げる要件を欠くに至ったときは、債権者は、同項各号に掲げる要件を具備する者をもってこれに代えることを請求することができる。

3　前二項の規定は、債権者が保証人を指名した場合には、適用しない。

（他の担保の供与）

第451条　債務者は、前条第１項各号に掲げる要件を具備する保証人を立てることができないときは、他の担保を供してこれに代えることができる。

（催告の抗弁）

第452条　債権者が保証人に債務の履行を請求したときは、保証人は、まず主たる債務者に催告をすべき旨を請求することができる。ただし、主たる債務者が破産手続開始の決

旧　法

てる義務を負う場合には、その保証人は、次に掲げる要件を具備する者でなければならない。

一　行為能力者であること。

二　弁済をする資力を有すること。

2　保証人が前項第２号に掲げる要件を欠くに至ったときは、債権者は、同項各号に掲げる要件を具備する者をもってこれに代えることを請求することができる。

3　前二項の規定は、債権者が保証人を指名した場合には、適用しない。

（他の担保の供与）

第451条　債務者は、前条第１項各号に掲げる要件を具備する保証人を立てることができないときは、他の担保を供してこれに代えることができる。

（催告の抗弁）

第452条　債権者が保証人に債務の履行を請求したときは、保証人は、まず主たる債務者に催告をすべき旨を請求することができる。ただし、主たる債務者が破産手続開始の決

新法	旧法
定を受けたとき、又はその行方が知れないときは、この限りでない。	定を受けたとき、又はその行方が知れないときは、この限りでない。
(検索の抗弁)	(検索の抗弁)
第453条　債権者が前条の規定に従い主たる債務者に催告をした後であっても、保証人が主たる債務者に弁済をする資力があり、かつ、執行が容易であることを証明したときは、債権者は、まず主たる債務者の財産について執行をしなければならない。	**第453条**　債権者が前条の規定に従い主たる債務者に催告をした後であっても、保証人が主たる債務者に弁済をする資力があり、かつ、執行が容易であることを証明したときは、債権者は、まず主たる債務者の財産について執行をしなければならない。
(連帯保証の場合の特則)	(連帯保証の場合の特則)
第454条　保証人は、主たる債務者と連帯して債務を負担したときは、前二条の権利を有しない。	**第454条**　保証人は、主たる債務者と連帯して債務を負担したときは、前二条の権利を有しない。
(催告の抗弁及び検索の抗弁の効果)	(催告の抗弁及び検索の抗弁の効果)
第455条　第452条又は第453条の規定により保証人の請求又は証明があったにもかかわらず、債権者が催告又は執行をすることを怠ったために主たる債務者から全部の弁済を得られなかったときは、保証人は、債権者が直ちに催告又は執行をすれば弁済を得るこ	**第455条**　第452条又は第453条の規定により保証人の請求又は証明があったにもかかわらず、債権者が催告又は執行をすることを怠ったために主たる債務者から全部の弁済を得られなかったときは、保証人は、債権者が直ちに催告又は執行をすれば弁済を得るこ

新法	旧法
とができた限度において、その義務を免れる。	とができた限度において、その義務を免れる。
（数人の保証人がある場合）	（数人の保証人がある場合）
第456条　数人の保証人がある場合には、それらの保証人が各別の行為により債務を負担したときであっても、第427条の規定を適用する。	第456条　数人の保証人がある場合には、それらの保証人が各別の行為により債務を負担したときであっても、第427条の規定を適用する。
（主たる債務者について生じた事由の効力）	（主たる債務者について生じた事由の効力）
第457条　主たる債務者に対する履行の請求その他の事由による時効の完成猶予及び更新は、保証人に対しても、その効力を生ずる。	第457条　主たる債務者に対する履行の請求その他の事由による時効の中断は、保証人に対しても、その効力を生ずる。
2　保証人は、主たる債務者が主張することができる抗弁をもって債権者に対抗することができる。	2　保証人は、主たる債務者の債権による相殺をもって債権者に対抗することができる。
3　主たる債務者が債権者に対して相殺権、取消権又は解除権を有するときは、これらの権利の行使によって主たる債務者がその債務を免れるべき限度において、保証人は、債権者に対して債務の履行を拒むことができる。	（新設）
（連帯保証人について生じた事由の効力）	（連帯保証人について生じた事由の効力）

新　法	旧　法
第458条　第438条、第439条第1項、第440条及び第441条の規定は、主たる債務者と連帯して債務を負担する保証人について生じた事由について準用する。	第458条　第434条から第440条までの規定は、主たる債務者が保証人と連帯して債務を負担する場合について準用する。
(主たる債務の履行状況に関する情報の提供義務) 第458条の2　保証人が主たる債務者の委託を受けて保証をした場合において、保証人の請求があったときは、債権者は、保証人に対し、遅滞なく、主たる債務の元本及び主たる債務に関する利息、違約金、損害賠償その他その債務に従たる全てのものについての不履行の有無並びにこれらの残額及びそのうち弁済期が到来しているものの額に関する情報を提供しなければならない。	(新設)
(主たる債務者が期限の利益を喪失した場合における情報の提供義務) 第458条の3　主たる債務者が期限の利益を有する場合において、その利益を喪失したときは、債権者は、保証人に	(新設)

新法	旧法
対し、その利益の喪失を知った時から２箇月以内に、その旨を通知しなければならない。 ２　前項の期間内に同項の通知をしなかったときは、債権者は、保証人に対し、主たる債務者が期限の利益を喪失した時から同項の通知を現にするまでに生じた遅延損害金（期限の利益を喪失しなかったとしても生ずべきものを除く。）に係る保証債務の履行を請求することができない。 ３　前二項の規定は、保証人が法人である場合には、適用しない。	
（委託を受けた保証人の求償権） 第459条　保証人が主たる債務者の委託を受けて保証をした場合において、主たる債務者に代わって弁済その他自己の財産をもって債務を消滅させる行為（以下「債務の消滅行為」という。）をしたときは、その保証人は、主たる債務者に対し、そのために支出した財産の額（その財産の額がその債務の消滅行為によって消滅した主たる債務の額を超え	（委託を受けた保証人の求償権） 第459条　保証人が主たる債務者の委託を受けて保証をした場合において、過失なく債権者に弁済をすべき旨の裁判の言渡しを受け、又は主たる債務者に代わって弁済をし、その他自己の財産をもって債務を消滅させるべき行為をしたときは、その保証人は、主たる債務者に対して求償権を有する。

新　法	旧　法
る場合にあっては、その消滅した額）の求償権を有する。	
2　第442条第2項の規定は、前項の場合について準用する。	2　第442条第2項の規定は、前項の場合について準用する。
（委託を受けた保証人が弁済期前に弁済等をした場合の求償権） 第459条の2　保証人が主たる債務者の委託を受けて保証をした場合において、主たる債務の弁済期前に債務の消滅行為をしたときは、その保証人は、主たる債務者に対し、主たる債務者がその当時利益を受けた限度において求償権を有する。この場合において、主たる債務者が債務の消滅行為の日以前に相殺の原因を有していたことを主張するときは、保証人は、債権者に対し、その相殺によって消滅すべきであった債務の履行を請求することができる。	（新設）
2　前項の規定による求償は、主たる債務の弁済期以後の法定利息及びその弁済期以後に債務の消滅行為をしたとしても避けることができなかった費用その他の損害の賠償を包含する。	

新　法	旧　法
3　第1項の求償権は、主たる債務の弁済期以後でなければ、これを行使することができない。	
（委託を受けた保証人の事前の求償権）	（委託を受けた保証人の事前の求償権）
第460条　（旧同）保証人は、主たる債務者の委託を受けて保証をした場合において、次に掲げるときは、主たる債務者に対して、あらかじめ、求償権を行使することができる。	第460条　保証人は、主たる債務者の委託を受けて保証をした場合において、次に掲げるときは、主たる債務者に対して、あらかじめ、求償権を行使することができる。
一　主たる債務者が破産手続開始の決定を受け、かつ、債権者がその破産財団の配当に加入しないとき。	一　主たる債務者が破産手続開始の決定を受け、かつ、債権者がその破産財団の配当に加入しないとき。
二　債務が弁済期にあるとき。ただし、保証契約の後に債権者が主たる債務者に許与した期限は、保証人に対抗することができない。	二　債務が弁済期にあるとき。ただし、保証契約の後に債権者が主たる債務者に許与した期限は、保証人に対抗することができない。
三　保証人が過失なく債権者に弁済をすべき旨の裁判の言渡しを受けたとき。	三　債務の弁済期が不確定で、かつ、その最長期をも確定することができない場合において、保証契約の後10年を経過したとき。
（主たる債務者が保証人に対して償還をする場合）	（主たる債務者が保証人に対して償還をする場合）
第461条　前条の規定により	第461条　前二条の規定により

新　法	旧　法
主たる債務者が保証人に対して償還をする場合において、債権者が全部の弁済を受けない間は、主たる債務者は、保証人に担保を供させ、又は保証人に対して自己に免責を得させることを請求することができる。	主たる債務者が保証人に対して償還をする場合において、債権者が全部の弁済を受けない間は、主たる債務者は、保証人に担保を供させ、又は保証人に対して自己に免責を得させることを請求することができる。
2　前項に規定する場合において、主たる債務者は、供託をし、担保を供し、又は保証人に免責を得させて、その償還の義務を免れることができる。	2　前項に規定する場合において、主たる債務者は、供託をし、担保を供し、又は保証人に免責を得させて、その償還の義務を免れることができる。
（委託を受けない保証人の求償権）	（委託を受けない保証人の求償権）
第462条　第459条の2第1項の規定は、主たる債務者の委託を受けないで保証をした者が債務の消滅行為をした場合について準用する。	第462条　主たる債務者の委託を受けないで保証をした者が弁済をし、その他自己の財産をもって主たる債務者にその債務を免れさせたときは、主たる債務者は、その当時利益を受けた限度において償還をしなければならない。
2　主たる債務者の意思に反して保証をした者は、主たる債務者が現に利益を受けている限度においてのみ求償権を有する。この場合において、主たる債務者が求償の日以前に	2　主たる債務者の意思に反して保証をした者は、主たる債務者が現に利益を受けている限度においてのみ求償権を有する。この場合において、主たる債務者が求償の日以前に

新　法	旧　法
相殺の原因を有していたことを主張するときは、保証人は、債権者に対し、その相殺によって消滅すべきであった債務の履行を請求することができる。	相殺の原因を有していたことを主張するときは、保証人は、債権者に対し、その相殺によって消滅すべきであった債務の履行を請求することができる。
3　第459条の2第3項の規定は、前二項に規定する保証人が主たる債務の弁済期前に債務の消滅行為をした場合における求償権の行使について準用する。	（新設）
（通知を怠った保証人の求償の制限等）	（通知を怠った保証人の求償の制限）
第463条　保証人が主たる債務者の委託を受けて保証をした場合において、主たる債務者にあらかじめ通知しないで債務の消滅行為をしたときは、主たる債務者は、債権者に対抗することができた事由をもってその保証人に対抗することができる。この場合において、相殺をもってその保証人に対抗したときは、その保証人は、債権者に対し、相殺によって消滅すべきであった債務の履行を請求することができる。	第463条　第443条の規定は、保証人について準用する。

新法	旧法
2　保証人が主たる債務者の委託を受けて保証をした場合において、主たる債務者が債務の消滅行為をしたことを保証人に通知することを怠ったため、その保証人が善意で債務の消滅行為をしたときは、その保証人は、その債務の消滅行為を有効であったものとみなすことができる。	2　保証人が主たる債務者の委託を受けて保証をした場合において、善意で弁済をし、その他自己の財産をもって債務を消滅させるべき行為をしたときは、463条の規定は、主たる債務者についても準用する。
3　保証人が債務の消滅行為をした後に主たる債務者が債務の消滅行為をした場合においては、保証人が主たる債務者の意思に反して保証をしたときのほか、保証人が債務の消滅行為をしたことを主たる債務者に通知することを怠ったため、主たる債務者が善意で債務の消滅行為をしたときも、主たる債務者は、その債務の消滅行為を有効であったものとみなすことができる。	
（連帯債務又は不可分債務の保証人の求償権）	（連帯債務又は不可分債務の保証人の求償権）
第464条　連帯債務者又は不可分債務者の一人のために保証をした者は、他の債務者に対し、その負担部分のみについ	第464条　連帯債務者又は不可分債務者の一人のために保証をした者は、他の債務者に対し、その負担部分のみについ

新法	旧法
て求償権を有する。	て求償権を有する。
（共同保証人間の求償権）	（共同保証人間の求償権）
第465条　第442条から第444条までの規定は、数人の保証人がある場合において、そのうちの一人の保証人が、主たる債務が不可分であるため又は各保証人が全額を弁済すべき旨の特約があるため、その全額又は自己の負担部分を超える額を弁済したときについて準用する。	**第465条**　第442条から第444条までの規定は、数人の保証人がある場合において、そのうちの一人の保証人が、主たる債務が不可分であるため又は各保証人が全額を弁済すべき旨の特約があるため、その全額又は自己の負担部分を超える額を弁済したときについて準用する。
2　第462条の規定は、前項に規定する場合を除き、互いに連帯しない保証人の一人が全額又は自己の負担部分を超える額を弁済したときについて準用する。	2　第462条の規定は、前項に規定する場合を除き、互いに連帯しない保証人の一人が全額又は自己の負担部分を超える額を弁済したときについて準用する。
第２目　個人根保証契約	第２目　貸金等根保証契約
（個人根保証契約の保証人の責任等）	（貸金等根保証契約の保証人の責任等）
第465条の２　一定の範囲に属する不特定の債務を主たる債務とする保証契約（以下「根保証契約」という。）であって保証人が法人でないもの（以下「個人根保証契約」	**第465条の２**　一定の範囲に属する不特定の債務を主たる債務とする保証契約（以下「根保証契約」という。）であってその債務の範囲に金銭の貸渡し又は手形の割引を受けるこ

新法	旧法
という。）の保証人は、主たる債務の元本、主たる債務に関する利息、違約金、損害賠償その他その債務に従たる全てのもの及びその保証債務について約定された違約金又は損害賠償の額について、その全部に係る極度額を限度として、その履行をする責任を負う。	とによって負担する債務（以下「貸金等債務」という。）が含まれるもの（保証人が法人であるものを除く。以下「貸金等根保証契約」という。）の保証人は、主たる債務の元本、主たる債務に関する利息、違約金、損害賠償その他その債務に従たるすべてのもの及びその保証債務について約定された違約金又は損害賠償の額について、その全部に係る極度額を限度として、その履行をする責任を負う。
2　個人根保証契約は、前項に規定する極度額を定めなければ、その効力を生じない。	2　貸金等根保証契約は、前項に規定する極度額を定めなければ、その効力を生じない。
3　第446条第2項及び第3項の規定は、個人根保証契約における第一項に規定する極度額の定めについて準用する。	3　第446条第2項及び第3項の規定は、貸金等根保証契約における第一項に規定する極度額の定めについて準用する。
（個人貸金等根保証契約の元本確定期日）	（貸金等根保証契約の元本確定期日）
第465条の3　個人根保証契約であってその主たる債務の範囲に金銭の貸渡し又は手形の割引を受けることによって負担する債務（以下「貸金等	第465条の3　貸金等根保証契約において主たる債務の元本の確定すべき期日（以下「元本確定期日」という。）の定めがある場合において、その元

新　法	旧　法
債務」という。）が含まれるもの（以下「個人貸金等根保証契約」という。）において主たる債務の元本の確定すべき期日（以下「元本確定期日」という。）の定めがある場合において、その元本確定期日がその個人貸金等根保証契約の締結の日から５年を経過する日より後の日と定められているときは、その元本確定期日の定めは、その効力を生じない。	本確定期日がその貸金等根保証契約の締結の日から５年を経過する日より後の日と定められているときは、その元本確定期日の定めは、その効力を生じない。
２　個人貸金等根保証契約において元本確定期日の定めがない場合（前項の規定により元本確定期日の定めがその効力を生じない場合を含む。）には、その元本確定期日は、その個人貸金等根保証契約の締結の日から３年を経過する日とする。	2　貸金等根保証契約において元本確定期日の定めがない場合（前項の規定により元本確定期日の定めがその効力を生じない場合を含む。）には、その元本確定期日は、その貸金等根保証契約の締結の日から3年を経過する日とする。
３　個人貸金等根保証契約における元本確定期日の変更をする場合において、変更後の元本確定期日がその変更をした日から五年を経過する日より後の日となるときは、その元本確定期日の変更は、その効力を生じない。ただし、元本	3　貸金等根保証契約における元本確定期日の変更をする場合において、変更後の元本確定期日がその変更をした日から5年を経過する日より後の日となるときは、その元本確定期日の変更は、その効力を生じない。ただし、元本確定

新　法	旧　法
確定期日の前２箇月以内に元本確定期日の変更をする場合において、変更後の元本確定期日が変更前の元本確定期日から５年以内の日となるときは、この限りでない。	期日の前２箇月以内に元本確定期日の変更をする場合において、変更後の元本確定期日が変更前の元本確定期日から５年以内の日となるときは、この限りでない。
４　第446条第２項及び第３項の規定は、個人貸金等根保証契約における元本確定期日の定め及びその変更（その個人貸金等根保証契約の締結の日から３年以内の日を元本確定期日とする旨の定め及び元本確定期日より前の日を変更後の元本確定期日とする変更を除く。）について準用する。	４　第446条第２項及び第３項の規定は、貸金等根保証契約における元本確定期日の定め及びその変更（その貸金等根保証契約の締結の日から３年以内の日を元本確定期日とする旨の定め及び元本確定期日より前の日を変更後の元本確定期日とする変更を除く。）について準用する。
（個人根保証契約の元本の確定事由）	（貸金等根保証契約の元本の確定事由）
第465条の４　次に掲げる場合には、個人根保証契約における主たる債務の元本は、確定する。ただし、第１号に掲げる場合にあっては、強制執行又は担保権の実行の手続の開始があったときに限る。	第465条の４　次に掲げる場合には、貸金等根保証契約における主たる債務の元本は、確定する。
一　債権者が、保証人の財産について、金銭の支払を目的とする債権についての強制執行又は担保権の実行を	一　債権者が、主たる債務者又は保証人の財産について、金銭の支払を目的とする債権についての強制執行又は

新　法	旧　法
申し立てたとき。	担保権の実行を申し立てたとき。ただし、強制執行又は担保権の実行の手続の開始があったときに限る。
二　保証人が破産手続開始の決定を受けたとき。	二　主たる債務者又は保証人が破産手続開始の決定を受けたとき。
三　主たる債務者又は保証人が死亡したとき。	三　主たる債務者又は保証人が死亡したとき。
2　前項に規定する場合のほか、個人貸金等根保証契約における主たる債務の元本は、次に掲げる場合にも確定する。ただし、第1号に掲げる場合にあっては、強制執行又は担保権の実行の手続の開始があったときに限る。 一　債権者が、主たる債務者の財産について、金銭の支払を目的とする債権についての強制執行又は担保権の実行を申し立てたとき。 二　主たる債務者が破産手続開始の決定を受けたとき。	（新設）
（保証人が法人である根保証契約の求償権）	（保証人が法人である貸金等債務の根保証契約の求償権）
第465条の5　保証人が法人である根保証契約において、第465条の2第1項に規定	第465条の5　保証人が法人である根保証契約であってその主たる債務の範囲に貸金等債

新　法	旧　法
する極度額の定めがないときは、その根保証契約の保証人の主たる債務者に対する求償権に係る債務を主たる債務とする保証契約は、その効力を生じない。 2　保証人が法人である根保証契約であってその主たる債務の範囲に貸金等債務が含まれるものにおいて、元本確定期日の定めがないとき、又は元本確定期日の定め若しくはその変更が第465条の3第1項若しくは第3項の規定を適用するとすればその効力を生じないものであるときは、その根保証契約の保証人の主たる債務者に対する求償権に係る債務を主たる債務とする保証契約は、その効力を生じない。主たる債務の範囲にその求償権に係る債務が含まれる根保証契約も、同様とする。 3　前二項の規定は、求償権に係る債務を主たる債務とする保証契約又は主たる債務の範囲に求償権に係る債務が含まれる根保証契約の保証人が法人である場合には、適用しない。	務が含まれるものにおいて、第465条の2第1項に規定する極度額の定めがないとき、元本確定期日の定めがないとき、又は元本確定期日の定め若しくはその変更が第465条の3第1項若しくは第3項の規定を適用するとすればその効力を生じないものであるときは、その根保証契約の保証人の主たる債務者に対する求償権についての保証契約（保証人が法人であるものを除く。）は、その効力を生じない。

新　法	旧　法
第3目　事業に係る債務についての保証契約の特則 （公正証書の作成と保証の効力） 第465条の6　事業のために負担した貸金等債務を主たる債務とする保証契約又は主たる債務の範囲に事業のために負担する貸金等債務が含まれる根保証契約は、その契約の締結に先立ち、その締結の日前1箇月以内に作成された公正証書で保証人になろうとする者が保証債務を履行する意思を表示していなければ、その効力を生じない。 2　前項の公正証書を作成するには、次に掲げる方式に従わなければならない。 一　保証人になろうとする者が、次のイ又はロに掲げる契約の区分に応じ、それぞれ当該イ又はロに定める事項を公証人に口授すること。 イ　保証契約（ロに掲げるものを除く。）　主たる債務の債権者及び債務者、主たる債務の元本、主たる債務に関する利息、違約金、損害賠償その他その債務に従たる全てのもの	（新設）

新　法	旧　法
の定めの有無及びその内容並びに主たる債務者がその債務を履行しないときには、その債務の全額について履行する意思（保証人になろうとする者が主たる債務者と連帯して債務を負担しようとするものである場合には、債権者が主たる債務者に対して催告をしたかどうか、主たる債務者がその債務を履行することができるかどうか、又は他に保証人があるかどうかにかかわらず、その全額について履行する意思）を有していること。 ロ　根保証契約　主たる債務の債権者及び債務者、主たる債務の範囲、根保証契約における極度額、元本確定期日の定めの有無及びその内容並びに主たる債務者がその債務を履行しないときには、極度額の限度において元本確定期日又は第465条の4第1項各号若しくは第2項各号に掲げる事由その他の元本を確定すべき事由が生ずる時までに生ずべき主たる債務の元本及び主たる債務に関する利息、違約	

新　法	旧　法
金、損害賠償その他その債務に従たる全てのものの全額について履行する意思（保証人になろうとする者が主たる債務者と連帯して債務を負担しようとするものである場合には、債権者が主たる債務者に対して催告をしたかどうか、主たる債務者がその債務を履行することができるかどうか、又は他に保証人があるかどうかにかかわらず、その全額について履行する意思）を有していること。 二　公証人が、保証人になろうとする者の口述を筆記し、これを保証人になろうとする者に読み聞かせ、又は閲覧させること。 三　保証人になろうとする者が、筆記の正確なことを承認した後、署名し、印を押すこと。ただし、保証人になろうとする者が署名することができない場合は、公証人がその事由を付記して、署名に代えることができる。 四　公証人が、その証書は前三号に掲げる方式に従って	

新　法	旧　法
作ったものである旨を付記して、これに署名し、印を押すこと。 3　前二項の規定は、保証人になろうとする者が法人である場合には、適用しない。 （保証に係る公正証書の方式の特則） 第465条の7　前条第1項の保証契約又は根保証契約の保証人になろうとする者が口がきけない者である場合には、公証人の前で、同条第2項第1号イ又はロに掲げる契約の区分に応じ、それぞれ当該イ又はロに定める事項を通訳人の通訳により申述し、又は自書して、同号の口授に代えなければならない。この場合における同項第2号の規定の適用については、同号中「口述」とあるのは、「通訳人の通訳による申述又は自書」とする。 2　前条第1項の保証契約又は根保証契約の保証人になろうとする者が耳が聞こえない者である場合には、公証人は、同条第2項第2号に規定する筆記した内容を通訳人の通訳	

新　法	旧　法
により保証人になろうとする者に伝えて、同号の読み聞かせに代えることができる。 3　公証人は、前二項に定める方式に従って公正証書を作ったときは、その旨をその証書に付記しなければならない。 （公正証書の作成と求償権についての保証の効力） 第465条の8　第465条の6第1項及び第2項並びに前条の規定は、事業のために負担した貸金等債務を主たる債務とする保証契約又は主たる債務の範囲に事業のために負担する貸金等債務が含まれる根保証契約の保証人の主たる債務者に対する求償権に係る債務を主たる債務とする保証契約について準用する。主たる債務の範囲にその求償権に係る債務が含まれる根保証契約も、同様とする。 2　前項の規定は、保証人になろうとする者が法人である場合には、適用しない。 （公正証書の作成と保証の効力に関する規定の適用除外） 第465条の9　前三条の規定は、	

新　法	旧　法
保証人になろうとする者が次に掲げる者である保証契約については、適用しない。 一　主たる債務者が法人である場合のその理事、取締役、執行役又はこれらに準ずる者 二　主たる債務者が法人である場合の次に掲げる者 イ　主たる債務者の総株主の議決権（株主総会において決議をすることができる事項の全部につき議決権を行使することができない株式についての議決権を除く。以下この号において同じ。）の過半数を有する者 ロ　主たる債務者の総株主の議決権の過半数を他の株式会社が有する場合における当該他の株式会社の総株主の議決権の過半数を有する者 ハ　主たる債務者の総株主の議決権の過半数を他の株式会社及び当該他の株式会社の総株主の議決権の過半数を有する者が有する場合における当該他の株式会社の総株主の議決権の過半数を有する者	

新　法	旧　法
二　株式会社以外の法人が主たる債務者である場合におけるイ、ロ又はハに掲げる者に準ずる者 三　主たる債務者（法人であるものを除く。以下この号において同じ。）と共同して事業を行う者又は主たる債務者が行う事業に現に従事している主たる債務者の配偶者 （契約締結時の情報の提供義務） 第465条の10　主たる債務者は、事業のために負担する債務を主たる債務とする保証又は主たる債務の範囲に事業のために負担する債務が含まれる根保証の委託をするときは、委託を受ける者に対し、次に掲げる事項に関する情報を提供しなければならない。 一　財産及び収支の状況 二　主たる債務以外に負担している債務の有無並びにその額及び履行状況 三　主たる債務の担保として他に提供し、又は提供しようとするものがあるときは、その旨及びその内容	

新　法	旧　法
2　主たる債務者が前項各号に掲げる事項に関して情報を提供せず、又は事実と異なる情報を提供したために委託を受けた者がその事項について誤認をし、それによって保証契約の申込み又はその承諾の意思表示をした場合において、主たる債務者がその事項に関して情報を提供せず又は事実と異なる情報を提供したことを債権者が知り又は知ることができたときは、保証人は、保証契約を取り消すことができる。	
3　前二項の規定は、保証をする者が法人である場合には、適用しない。	
【経過規定】（新法の附則） （保証債務に関する経過措置） 第21条　施行日前に締結された保証契約に係る保証債務については、なお従前の例による。	
2　保証人になろうとする者は、施行日前においても、新法第465条の6第1項（新法第465条の8第1項において準用する場合を含む。）の公正	

新　法	旧　法
証書の作成を嘱託することができる。 3　公証人は、前項の規定による公正証書の作成の嘱託があった場合には、施行日前においても、新法第465条の6第2項及び第465条の7（これらの規定を新法第465条の8第1項において準用する場合を含む。）の規定の例により、その作成をすることができる。	

索　引

著者略歴

宗宮 英俊（そうみや ひでとし）

1972（昭和47）年　判事補任官。法務省訟務局参事官・行政訟務第2課長、東京地裁部総括判事、裁判所書記官研修所長、新潟地裁所長、東京高裁部総括判事などを歴任した後、公証人（神田公証役場・日本公証人連合会文例委員会委員長等）、専修大学法科大学院客員教授等を経て、現在弁護士。
この間、司法試験考査委員（行政法・商法・民事訴訟法）等を務める。

主な著書・論文
「国家賠償訴訟の実務」（編著、新日本法規出版・1993）
「現代裁判法体系（21）労働基準・労働災害」（編著、新日本法規出版・1998）
「抗告異議申立の実務と書式」（編著、新日本法規出版・2009）
「民事訴訟法主要判例集」（共著、商事法務・2009）
「事例から見る訴額算定の手引（第3版）」（編著、新日本法規出版・2015）
「公証実務をめぐる2，3の問題について」（編著、法政理論・第46巻第3号所収）等

寶金 敏明（ほうきん としあき）

1973（昭和48）年　法務大臣官房訟務部付、その後、大阪・仙台の訟務部付、東京地裁判事補、法務省訟務局付、法務総合研究所の教官・研修第三部長、札幌・東京の法務局訟務部長、法務省訟務局租税訟務課長、東京国税不服審判所長、東京法務局長、最高検察庁検事、内閣府情報公開・個人情報保護審査会常勤委員、公証人（川崎公証役場）、駿河台大学法科大学院教授、中央大学法科大学院客員教授等を経て、現在弁護士（第一東京弁護士会）。

主な著書・論文
「現代裁判法大系（29）租税訴訟」（編著、新日本法規出版・1999）
「4訂版 里道・水路・海浜」（単著、ぎょうせい・2009）
「境界の理論と実務」（単著、日本加除出版・2009）
「活用しよう！ 任意後見」（編著、日本加除出版・2011）
「実務のための行政法・地方自治法・地方公務員法」（単著、日本加除出版・2015）
「山林の境界と所有」（編著、日本加除出版・2016）

岩田 好二（いわた こうじ）

1975（昭和50）年　判事補任官。東京法務局訟務部付、公害等調整委員会事務局審査官、東京地裁部総括判事、横浜地裁部総括判事、松江地家裁所長、大阪高裁部総括判事等を経て、現在公証人（浜松町公証役場）。
公証人在任中に、東京公証人会法規委員、日本公証人連合会文例委員等を歴任。

主な著書・論文
「遺言モデル文例と実務解説」（共著、青林書院・2015）

改正民法 保証法
一保証意思宣明公正証書を中心として

平成30年5月15日　初版発行

検印省略

〒101-0032
東京都千代田区岩本町1丁目2番19号
http://www.horei.co.jp/

著　者　宗宮英俊
　　　　寶金敏明
　　　　岩田好二
発行者　青木健次
編集者　岩倉春光
印刷所　日本ハイコム
製本所　国宝社

（営　業）　TEL　03-6858-6967　　Eメール　syuppan@horei.co.jp
（通　販）　TEL　03-6858-6966　　Eメール　book.order@horei.co.jp
（編　集）　FAX　03-6858-6957　　Eメール　tankoubon@horei.co.jp

（バーチャルショップ）　http://www.horei.co.jp/shop
（お詫びと訂正）　http://www.horei.co.jp/book/owabi.shtml

※万一、本書の内容に誤記等が判明した場合には、上記「お詫びと訂正」に最新情報を掲載しております。ホームページに掲載されていない内容につきましては、FAXまたはEメールで編集までお問合せください。

ISBN 978-4-539-72599-3